中学卷

研学·中国（陕西）

科技创新

KEJI CHUANGXIN

肖云儒　主编　　程　圩　副主编

李成华　李炫华　著

西北大学出版社

·西安·

图书在版编目(CIP)数据

科技创新. 中学卷 / 李成华，李炫华著. —西安：西北大学出版社，2020.11
（研学·中国 / 肖云儒主编. 陕西）
ISBN 978-7-5604-4572-4

Ⅰ. ①科… Ⅱ. ①李… ②李… Ⅲ. ①科学技术—概况—陕西—中学—乡土教材 Ⅳ. ①G634.591

中国版本图书馆 CIP 数据核字(2020)第 142465 号

研学·中国(陕西)

主　编　肖云儒　副主编　程　圩

科技创新(中学卷)

李成华　李炫华　著

出版发行　西北大学出版社

（西北大学校内　邮编：710069　电话：029-88302621　88303593）

http://nwupress.nwu.edu.cn　E-mail: xdpress@nwu.edu.cn

经　　销　全国新华书店
印　　装　陕西龙山海天艺术印务有限公司
开　　本　787 毫米×960 毫米　1/16
印　　张　8

版　　次　2020 年 11 月第 1 版
印　　次　2020 年 11 月第 1 次印刷
字　　数　124 千字

书　　号　ISBN 978-7-5604-4572-4
定　　价　28.00 元

本版图书如有印装质量问题，请拨打电话 029－88302966 予以调换。

《研学·中国（陕西）》编委会

总 序

学校的宗旨是“传道、授业、解惑”，倡导“学、思、行”结合。进入21世纪，经济合作与发展组织（OECD）率先提出“核心素养”结构模型，欧洲联盟提出“终身学习核心素养”体系，都强调核心素养是个人发展和社会发展的关键。2018年9月，习近平总书记在全国教育大会上的讲话强调：在党的坚强领导下，立足基本国情，遵循教育规律，坚持改革创新，以凝聚人心、完善人格、开发人力、培育人才、造福人民为工作目标，培养德智体美劳全面发展的社会主义建设者和接班人。21世纪，以核心素养为导向的教学改革将推动我国教育事业的改革发展。

我国基础教育阶段学生核心素养的内涵，是基于人的全面发展，体现“促进人的全面发展，适应社会需要”的要求，遵循人的成长规律，提高人的基本素养和能力，涉及知识与技能、过程与方法、情感态度与价值观等内容，促进个体适应社会，终身学习，并全面发展。素养教育可矫正重知识、轻能力、忽略情感态度与价值观的教育缺失。我国长期推行素质教育，而素养教育才刚开始，在实践中还存在着依赖应试教育路径、偏重知识传授、轻视能力培养等问题。素养教育任重道远。

研学旅行有助于贯彻落实党的教育方针，落实立德树人根本任务，实现知行合一，开阔眼界，拓展思维。同时，也可消解基础教育中存在的偏重知识、忽视能力等问题。研学旅行在我国开展的时间虽不长，但效果突出。它经历了

2013—2016 年的试点推进阶段和 2017 年至今的深化提升阶段。

陕西省是全国研学旅行开展较好的省份之一。西安市作为教育部确认的研学旅行首批试点城市之一，在西安市教育局 2014 年颁布的《西安市中小学研学旅行试点工作管理办法（试行）》及市政府办公厅 2016 年颁布的《关于推进中小学研学旅行工作的实施意见》的指导下，总结出了研学旅行西安模式，得到教育部的认可，并在全国加以推广。

开展研学旅行，一是要做好顶层设计，涵盖教育实践读本选择，课程选择，内容设计，基地、营地选择，以及导师配备，等等。二是要做好“五个结合”，即学与行、游与学、观看与体验、有序活动与旅行安全、研学过程与行后作业的结合。三是要做好组织活动单位的选择，重视选择有品质、有信誉的单位。四是要强化具身体验活动，突出学习过程，强调身体、环境和大脑的相互作用，在具身体验中学习知识、获得情感体验。五是重视选择优质的研学产品。六是突出学生的主体地位，挖掘研学基地的价值，找到研学的切入点，抓住学生的兴趣点，激发学生的共鸣点。

目前，我国研学旅行开展得如火如荼，但除基本读物外，高品质的研学旅行知识读本并不多见。《研学·中国（陕西）》分小学卷和中学卷，每卷又分为华夏寻根、丝路探源、革命印记、秦岭文化、科技创新五个主题，各主题独立成册，共两套十册。以习近平新时代中国特色社会主义思想为指导，彰显华夏文明、历史遗产、革命文化、生态文明和科教兴国的特色，力图成为研学旅行精品读物。

本套知识读本的编写，汇集了一批有实力的专家学者，凝聚了一批陕西文化名人的心血。他们对陕西有感情，有研究，编写的内容有高度，有深度，并经多轮研讨修改，使其尽量完善，更加契合陕西教育和研学旅行的特点。希望本套知识读本的出版能够让研学旅行的参与者满意。

陕西师范大学地理科学与旅游学院教授
中国旅游研究院西部旅游发展研究基地首席专家
冯耀峰

2020 年 10 月

前 言

研学旅行是由学校根据区域特色、各年龄段学生的特点和各学科教学内容的实际需要，组织学生通过集体旅行、集中食宿的方式走出校园，在社会实践中拓展视野、丰富阅历、增长见识，加深学生对自然、社会、文化的认知与体验，有效增强学生的创新意识，提高学生的综合素养，提升学生的实践能力，促进学生健康成长和全面发展的一项活动。

研学旅行起源于春秋末期，孔子带领弟子们踏遍山川都邑，考察政风民情，推行周礼文教。为撰写《春秋》，孔子“西观周室，论史记旧闻”（《史记·十二诸侯年表》），尽量“多闻”“多见”“多识”。西汉司马迁在广泛搜集文献资料的同时，漫游大江南北，着意挖掘流传在民间的生动而丰富的口传资料。他从京城长安出发，经江陵抵达汨罗江畔，“窥九疑，浮于沅、湘”，凭吊屈原；“上会稽，探禹穴”，考察了解虞舜、夏禹的事迹和传说；再沿江北上，走访淮阴父老，搜集有关韩信的传闻；然后“北涉汶、泗，讲业齐、鲁之都，观孔子之遗风”；最后“过梁、楚以归”长安，最终编撰成“史家之绝唱”——《史记》。北魏郦道元长期跋山涉水，往返于长城以南和秦岭—淮河以北的广袤区域，游览诸多的河流山川和名胜古迹，所到之处即亲自考察，“访渎搜渠”，写出了《水经注》。诸如孔子、司马迁、郦道元等古代文化名人开创的游学之举，孕育形成了我国“读万卷书，行万里路”的教育理念和人文精神，对后世产生了重要而深远的影响。

新文化运动以后，我国著名教育家陶行知提出了“行是知之始，知是行之成”，向社会学习、向实践学习的教育理念，进而提出解放儿童的头脑、双手、眼睛、嘴、空间和时间，以培养儿童的创造力。这已成为我国现当代教育的一大原则。

2013 年，国务院在《国民旅游休闲纲要（2013—2020 年）》中第一次提出“逐步推行中小学生研学旅行”。2014 年，国务院在《关于促进旅游业改革发展的若干意见》中明确提出，将研学旅行纳入中小学生日常教育范畴。2016 年，教育部等十一部门联合印发《关于推进中小学生研学旅行的意见》，明确提出将研学旅行纳入中小学教育教学计划和德育框架。近年来，在试点工作取得成果的基础上，逐步形成了国家重视支持、行业指导有力、社会积极参与、学校主动组织、学生积极参加的良好局面。

为进一步深入挖掘研学实践课程资源，推动研学实践教育走上高速发展的快车道，我们萌发了编写一套既切合研学实际又具有陕西地域特色的研学实践教育读本的想法，从宏观与微观层面为中小学研学实践教育提供内容、信息和建议。

在编写过程中，我们始终坚持以下四个原则：

第一，在指导思想上，坚持以习近平新时代中国特色社会主义思想为指导，遵循“身教最为美，知行不可分”的教育理念，贯彻知与行、学与用、美与善、物质与精神相融合的思想观念，培养学生的社会责任感、创新精神、实践能力和人文素养。

第二，在编写思路上，秉承“寓教于乐、寓教于行、寓教于思”的研学理念，严格落实小学阶段以乡土乡情为主、初中阶段以县情市情为主、高中阶段以省情国情为主的研学实践教育活动要求。

第三，在内容选取上，结合中小学生的认知能力与水平，紧扣陕西的文化内涵与地域特色，围绕华夏寻根、丝路探源、革命印记、秦岭文化、科技创新五大文化主题，形成系列读本，深化学生的知识点，拓展学生的知识面，提升学生的认知力，强化学生的体验感。

第四，在写作要求上，力求把握三个关键，即丰富知识点、突出体验感、激发探究欲；力争做到三个相融，即点面相融、雅俗相融、动静相融；期望实现三个目标，即研学实践的活教材、大众旅游的好帮手、文化传播的助力器；力戒编写成景点介绍书、一般教科书或专业学术书，努力将一套务实、对路、好用的研学实践教育“活教材”呈现在读者面前。

在具体编写方面，我们重点突出以下三个方向：

一是文化主题系统化。读本的内容设计紧扣五大文化主题，同时与中小学各学科教材紧密结合，在整合、彰显陕西人文与科技资源的基础上，结合研学实践教育特色进行课程化、体系化的梳理，突显陕西特色。

二是难易程度差异化。在读本的内容设计上，依据小学、中学不同学段学生的身心发展特点和认知能力，坚持“小学讲故事，中学讲道理”的差异化编写原则，有针对性地进行知识点的难易区分和语言风格的整体变化。

三是内容形式多样化。在构建主题研学实践教育读本知识体系的过程中，以陕西地域文化为载体，采用讲故事的叙事方式，配以丰富的图片，力求做到图文并茂，并穿插知识链接和探究思考等模块，激励学生在读本的引导下，建立起学习与生活的有机联系，强化研学旅行实践教育体验。

按照以上整体构想和编写要求，经过精心打磨，这套《研学·中国（陕西）》知识读本终于与广大读者见面了。希望它能够为中小学生和家长朋友们及广大旅游爱好者所喜爱，同时也衷心期望得到社会各界的热诚指正。

最后，我想强调说明一点，本套读本是按照全国中小学生研学实践教育西安营地的编写思路进行整体策划构建的，是对陕西各个研学实践教育基地的教育资源的整合，并得到了部分西安市中小学生研学实践教育示范校的认可。此外，本套读本的出版得到了西北大学出版社的鼎力支持，在此表示衷心的感谢！

肖云儒

2020 年 10 月

微信扫码，您将获得
以下读者服务：
★ 电子书阅读
★ 科技创新故事音频
★ 本书话题交流群
★ 科技创新拓展阅读资料

目 录

CONTENTS

导 读

中华民族长达五千余年的峥嵘岁月如同一部充满求知与探索、挑战与奋斗的可歌可泣的传奇巨著。从造纸术、指南针、火药及印刷术的古四大发明，到高铁、网购、共享单车及扫码支付的现代新四大发明，从烽火传信到智能通信，我国在经历了辉煌而灿烂的古代、动荡却奋进的近代，到快速发展的现代，再次成为世界舞台上举足轻重的大国角色。这中间的每一次巨大变革都来源于科学技术的巨大进步。2018 年，在五四青年节和北京大学建校 120 周年之际，习近平总书记到北京大学考察时指出："实现中华民族伟大复兴的中国梦，广大青年生逢其时，也重任在肩。"少年强则国强。作为祖国的未来、民族的希望，同学们只有充分了解我国从古代到今天的伟大科学成就，才能懂得科学技术对国家发展、社会进步的重要意义，才能更加热爱科学、崇尚科学。

本书以陕西悠久的科技发展史和丰富的教育资源为依托，以时间线为轴，讲述了三秦大地从古至今的伟大科技成就和发展。

在"古代科技成就"篇中，首先带同学们走进秦朝，看看中国古代修建的世界第一条"高速公路"——秦直道，为同学们解开秦直道留存千年却不长草的谜团！接着介绍了我国北方青瓷代表耀州窑。耀州窑青瓷釉色良好，花纹活泼生动、清新典雅，纹饰工艺复杂，饱含着古代匠人的精湛技艺。在这一部分的最后，介绍了药王孙思邈及其所著的中国最早医学百科全书《千金方》的故事。

在“近代科技发展”篇中，首先介绍了助力我国外交事业的张裕葡萄酒。近代以来，张弼士先生创立的张裕酿酒公司在我国的葡萄酒史上留下了浓墨重彩的一笔。接着介绍了在西安近代工业发展史上具有重要地位的大华纱厂，以及它在现代发展中的转型之路。同学们可从中体会到科技对社会发展的重要作用。

在“现代科技创新”篇的新材料领域方面，首先介绍了出神入化的隐身材料。隐身材料通常用作飞机、潜艇、导弹等的涂层，用以躲避雷达、红外探测器等高科技的追踪，在国防军事领域具有重要作用。接着介绍了用于壁画修复的纳米材料。纳米材料以其神奇的特性在壁画保护修复中大放异彩，解决了壁画由于周围环境影响而存在的多种病害，使精美的壁画珍宝能够长久保持。

在海陆空领域方面，首先介绍大飞机的研制流程。从小小的螺钉到一百多吨的庞然大物，伴随着无数科技工作者的呕心沥血，也承载着人们翱翔蓝天的梦想。接着介绍了一种水下航行器——仿生鱼，它可通过遥控或自主的方式帮助人们完成水下任务。最后介绍了“亚洲第一隧道”——秦岭终南山公路隧道。克服艰难险阻而建成的隧道大大缩短了人们穿越秦岭的时间，在方便出行的同时节约了运输成本。

在新技术领域方面，首先介绍了陕西的5G新技术。5G技术以其超大带宽、超低延时、海量连接的优点，在陕西移动通信领域已初露锋芒，它的广泛应用势必会给人们的生活带来巨变。其应用潜力仍有待发掘，需要科技工作者们继续研究创新。接着介绍了神奇的3R技术，它们可以使用户通过应用软件扫描的方式，足不出户便可感受到现实的场景，增强了阅读的趣味性和体验感，激发了读者的兴趣。最后介绍了巧夺天工的3D打印技术，它可以根据计算机的指令在三维空间内将打印材料分层加工成所需的样子。从打印玩具车、机器人，到打印人工心脏、汽车，3D打印技术已经成为21世纪风靡一时的新技术。

在生物科技领域方面，首先介绍了在新型冠状病毒感染的肺炎疫情中，陕西科研团队贡献的科技力量。一件件创新发明凝聚了科研工作者的心血，为疫情防控和检测工作带来巨大帮助，并为医护人员抢救病患争取了宝贵时间。接着介绍了西北大学早期生命研究团队在陕西汉中发现的单囊体冠状皱囊虫化石。单囊体冠状皱囊虫是人们迄今为止发现的世界上最古老的后口动物，这项科研工作对研究人类远古起源具有重要价值。

一个个为世人带来巨大帮助的科技成就背后不仅有许多难忘的故事，还有一群朴实可爱、舍我其谁的科技工作者。他们满腔热忱，心怀大义，用坚忍的意志战胜如严冬般艰难困苦的岁月；他们真诚勇敢，筚路蓝缕，用智慧和辛劳打造出中华民族面向世界的一张张名片。“恰同学少年，风华正茂；书生意气，挥斥方遒。”希望大家以科技创新为目标努力学习，不断提高自己的科学素养，将来为我国建设世界科技强国贡献自己的力量。

古代科技成就

微信扫码，领取
本书电子书

□ 中国最古老的高速公路

·讲 述

在我们生活的现代世界里，交通十分发达——高速公路在城市间蜿蜒，高速铁路在山岭平原上驰骋，各式各样的大桥在江河湖海上横跨，地铁、轻轨在城市里纵横，天上海里也都遍布着人类的足迹。其实，早在两千多年前，我国就已经开始道路建设了。秦直道是那时最著名的一条，也是世界第一条“高速公路”。

秦直道，一般认为修建于秦始皇三十五年，也就是公元前 212 年，秦始皇灭六国，统一中原之后。它由长城防线上的军事重镇九原向南直通林光宫，也就是今内蒙古包头至今陕西淳化。它全长达 700 多千米，路面往往宽达 50～60 米。那么，秦始皇为什么要修建这样一条“高速公路”？这条路又为

秦直道局部图

秦朝带来了什么？它有着怎样的意义？

首先，秦直道具有非常重要的军事意义。如果说长城是抵御匈奴入侵的盾牌，那么秦直道就是前驱直入的利剑。在作战时，后勤保障是十分重要的。秦直道的建成，大大加快了物资、人力向边防输送的速度，对军需的运输有很大帮助，进而巩固了秦王朝来之不易的胜利。而且，修路一事让蒙恬这样一位领兵打仗的将军负责，也能从侧面体现出秦直道的军事价值。

其次，秦直道在推动经济发展上有很大的作用。有句话说得好：要想富，先修路。只有交通便捷了，经济才能更好地发展。秦直道最初为军事要道，后来兼作民用商道，促进了南北地区的贸易往来及沿途地区的经济发展。

再次，我们知道秦统一后进行了一系列改革，而秦直道的修建正好有利于政令及统一措施的传达，也使先进的生产技术、工具、理念、文化能够更有效地传播出去，对我国古代政治、经济、文化等方面的发展都起到了积极的推动作用。

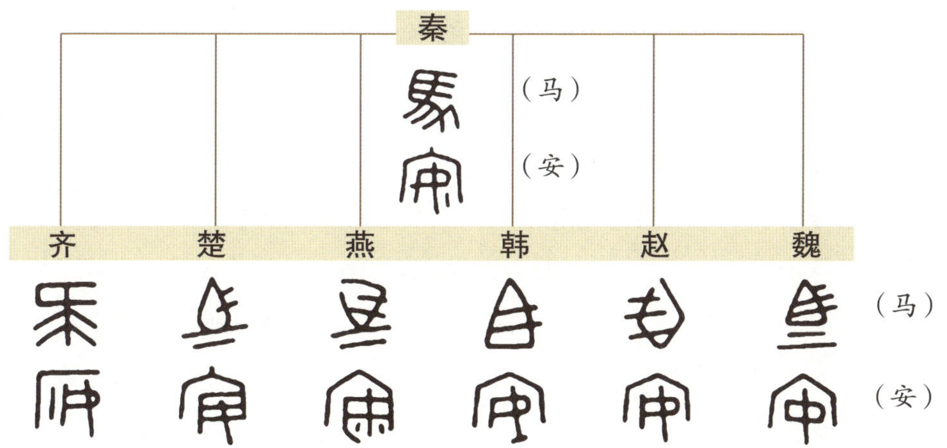

秦统一文字前后对照

根据考古发现，除了道路遗址以外，在秦直道沿线上还有烽燧、关卡、驿站、宫殿、兵站等附属设施的遗迹。通过这些遗址和遗迹，我们能看出秦直道并非一条简单的道路，在当年应该有比较规范的使用体系。

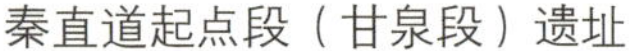
秦直道起点段（甘泉段）遗址

位于陕西旬邑的秦直道文化苑

知识链接

知识拓展

秦直道的秘密

为什么秦直道至今不长草？为什么秦直道到现在仍然能够存在？秦直道在建造时的选线又有什么讲究？

科学家发现，秦直道道路遗址上的很多地方都没有长草。秦直道至今仍能保持这样的面貌，是因为当初修建时用的是熟土，并且在其中加入了大量的碱。熟土，顾名思义，是经过高温炒熟的土。炒熟这一操作，改变了土壤的性质，不利于草的生长；而碱的加入，又改变了土壤的酸碱度，也破坏了草的生存环境。

秦直道能够存在这么多年，与在夯土中加入处理过的礓石有很大关系。这样做可以增加路的硬度，从而延长道路寿命。

至于秦直道的选线，因为包头至淳化间的大片土地多为山地，所以选择了该区域中地势起伏较小，地形相对来说比较平坦的地方进行“堑山堙谷”（挖山填谷），修筑道路。比如秦直道的南段，就选在了子午岭的主脊上进行修建。

东胜市（今内蒙古鄂尔多斯市东胜区）秦直道遗址

延伸阅读

秦朝的其他道路

在秦朝，除了直道以外，还有驰道、复道、阁道、甬道、栈道等道路形式。驰道是中国历史上最早的“国道”。秦始皇统一全国后的第二年（前 220 年），就下令修筑以咸阳为中心的通往全国各地的驰道。驰道为皇帝专用。复道比较复杂，指离开地面在空中架设的道路。它可以是联结亭台楼阁的空中道路，也可以是类似于现在天桥一样的交通枢纽，还可以是像高架桥一样跨越两地的长距离桥梁式道路。阁道是复道的一种变形，上边加了顶，侧边加了壁，一般来说比较短。至于甬道，又称夹道，侧边有壁，是地面上保密性很强的道路。除此以外，还有栈道。栈道，通常是在山崖边开山破石，凿出孔洞，分三层插入木桩，上层木桩用来搭雨棚，中层木桩用来铺路，下层木桩用来支木做架。这些纵横交错、变化多样的道路组成了秦朝的全国陆路交通网，我们从中可以看出古人的诸多智慧。

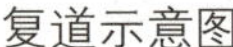

复道示意图

栈道示意图

事件回放

秦直道遗址的发现经过

1974 年，内蒙古自治区文化厅的文物干部培训班在伊克昭盟（今内蒙古鄂尔多斯市）野外实习时发现了秦直道遗址，而后对其进行了考察。他们首先确认了部分秦直道的大致走向和范围，最终得出秦直道的北段终点为位于包头市的麻池古城。1979 年，考古工作者据史料调研发现了秦直道的南段起点，就是位于陕西淳化的汉代甘泉宫遗址。1991 年至 1994 年，甘肃省内也发现了大量秦直道遗址。2009 年，陕西省考古研究院组织人员对陕西富县的秦直道遗址进行考古发掘，发现了古钱币和大量兵站遗迹。这是对秦直道遗址开展的首次大规模发掘，入选了当年的“全国十大考古新发现”。

基地链接

秦直道遗址陕西段

秦直道地跨内蒙古、甘肃、陕西三省区。陕西省境内现存的秦直道遗址主要有位于咸阳市淳化县内的秦直道起点段，位于咸阳市旬邑县内的秦直道旬邑段，位于延安市黄陵县内的秦直道延安段。其中，旬邑县内的秦直道遗址有植被覆盖，保存得比较完整，还残留了三处秦汉建筑遗址、两座烽燧遗迹。它们都是全国重点文物保护单位。

课程链接

部编版《中国历史（七年级）》上册《秦统一中国》

探究思考

1. 除了秦直道，你还知道哪些中国古道？它们在当时发挥了怎样的作用？

2. 外国有古道吗？查阅相关资料，了解外国古道的相关情况，并试着从建筑结构、材料等方面比较中外古道的异同。

3. 对于秦直道遗址的保护，你有何看法？

□ 北方青瓷代表耀州窑的刻花魅力

·讲 述

大家在生活中见过不少瓷器，瓷器表面大都有精美的花纹，它们形状各异，栩栩如生，将瓷器装扮得精致美丽。在瓷器上刻花，最有名的要数陕西铜川的耀州窑。耀州窑典型的青瓷刻花工艺在北宋晚期达到鼎盛，耀州窑青瓷因此获得“宋代青瓷刻花之冠”的美称。

从陶瓷文化刚刚兴起的时候，我们的祖先就已经通过刻画纹饰来增强陶瓷的美观度了。到了宋朝，我国的陶瓷制造业迎来了一个发展高峰，出现了六大窑系，耀州窑便是其中之一。耀州窑以其烧制的青瓷闻名全国。匠人在半干的坯体上，用竹质、骨质或铁质刀具刻画出纹饰图案，再施釉烧制。薄厚不同的釉层经过烧制会呈现出不同的颜色，形成浓淡色阶，格调大都清新高雅。

耀州窑青瓷受人追捧，除了因为有好看的釉色外，还因为各种独特的装饰工艺。耀州窑青瓷在装饰手法上以刻花和印花为主，其中最受欢迎的是刻花技法。刻花讲究刀法，有直刀、侧刀、平刀之分，有点刺、梳划之别。工匠用刀犀利流畅，刚劲有力，可谓刀刀见泥。纹饰图案的种类也很多，有植物、动物、人物神祇等。其中，植物纹饰有折枝牡丹、缠枝牡丹、交枝菊、缠枝菊、莲花、水波花草、水藻、缠枝忍冬、花叶纹等，动物纹饰有双鸭莲花、水波三鱼、龙、凤纹等，人物神祇有婴儿、佛像、力士等。它们大多模拟自然之态，处于写生与图案之间。这些纹饰图案总体上生动活泼，层次清晰，立体感强，极具浮雕效果，构成了耀州窑青瓷独具特色的装饰艺术风格。

独具特色的耀州窑刻花瓷器

·知识链接

名物疏解

耀州窑

耀州窑始建于唐代，北宋末发展至鼎盛期。耀州窑的窑场广泛分布于今陕西铜川漆水河畔的黄堡镇、陈炉镇、立地坡、上店、玉华宫等地。这里位于陕西省关中平原与陕北高原的交界地带，煤炭、坩土的储量相当丰富，加上漆水河流域雨量充沛、气候温暖湿润，因此具有发展陶瓷业得天独厚的地理优势和自然资源。

耀州窑是北方青瓷的代表。唐代时，烧制黑釉、白釉、青釉、茶叶末釉、白釉以及三彩陶器等。宋代至金代时以烧制青瓷为主。据史料记载，北宋时，耀州窑为朝廷烧造“贡瓷”。耀州窑在元代开始转型，并逐步走向没落，又经明代、清代，最后终于民国。

各种各样的耀州瓷

知识拓展

耀州窑制瓷工艺的创新与进步

耀州窑的瓷器制作工艺是它被称为北方青瓷代表的一个关键因素。在古代，制作一件完整的耀州瓷要经过采料、精选、风化、配比、粑泥、陈腐、熟泥、揉泥、手拉坯、修坯、釉料精选、配制、施釉、手工装饰（雕、刻、贴、印）、窑具制作、装窑、烧窑等十七道工序。到了现代，传统的耀州窑瓷器制作工艺已经失传，也就是说我们已经无法单纯依靠传统技法来制作一件完整的耀州瓷了。多亏了李国桢等专家，他们潜心研究，通过在传统制作工艺中融入现代科学技术，终于生产出耀州青瓷、黑釉及剔花瓷、白釉及剔花瓷、兰花瓷、铁锈花瓷、花釉等六大系列陶瓷，让耀州窑的制作工艺失而复得。

经过改进的耀州窑制瓷工艺分为五个步骤：

高岭土

第一步：沉淀。使高岭土风化，得到一层粉末，将粉末放入球磨机中加水搅拌成泥，然后将其倒进池中沉淀，得到粗泥和细泥。粗泥用来制作装瓷坯的匣钵、大红砖和泥塑，细泥用来制瓷。

第二步：熟泥与揉泥。熟泥相当于蒸馒头时让面粉发酵，而揉泥主要是为了去除泥料中的气泡和杂质。

揉泥

第三步：拉坯与修坯。泥揉好后，就可以放在轮子上拉坯了。在陈炉古镇的窑场里，还可以看到古代拉坯所用的转轮。拉好坯之后，开始晾坯，晾到半干的时候进行修坯。修坯非常考验工人师傅的手法。

第四步：上釉与装饰。坯修好后就可以开始上釉与装饰了。装饰手法有很多，如刻、印、划、剔、戳、描画、浮雕、镂空等。

第五步：烧窑。烧窑是整个制瓷过程中最关键的一个环节。烧窑一般用时四天四夜，窑内温度达到1300多度，一般要两个工人师傅轮流看守。

经过了这一道道工序之后，精美的瓷器便制成了。

拉坯

晾坯

烧窑

刻花

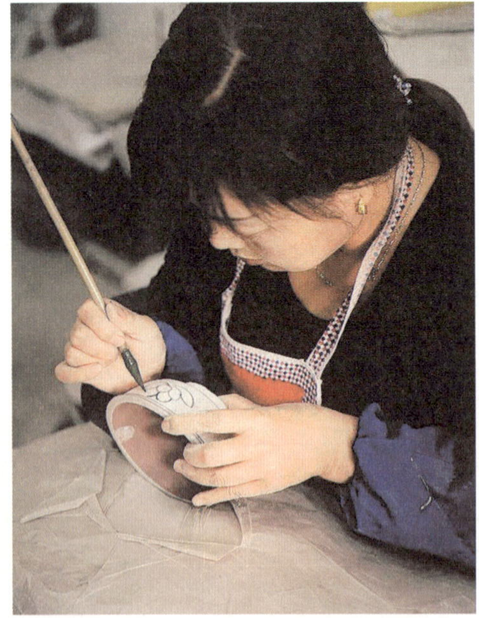
描画

延伸阅读

新型陶瓷材料的应用

传统陶瓷主要采用天然的岩石、矿物、黏土等材料做原料。而新型陶瓷材料则采用人工合成的高纯度无机化合物为原料，是一种在严格控制的条件下经成型、烧结等工艺而制成的具有微细结晶组织的无机材料。它具有一系列优越的物理、化学和生物性能，其应用范围是传统陶瓷远不能相比的。

新型陶瓷材料除了作为高强度、耐磨、耐腐的材料而被广泛应用外，在微电子、激光、光电子、光纤和传感、超导技术等领域的发展中也占据十分重要的地位。在航空航天领域，新型陶瓷材料中的氮化硅（Si_3N_4）高温结构陶瓷具有良好的高温结构强度，非常适用于制作航空航天发动机涡轮转子叶片等高温受力部件。另外，由于生物陶瓷无毒无害，具有良好的生物活性和生物相容性，且硬度高，杨氏模量与人体骨骼相近，可以作为人体骨骼、牙床、心脏瓣膜等的修补材料或者替代材料。陶瓷轴承是一种重要的机械基础构件，具有金属轴承所无法比拟的优异性能。在现代军事领域中，无论是海陆空还是其他军种的现代武器中，都有用特种陶瓷材料制成的部件。

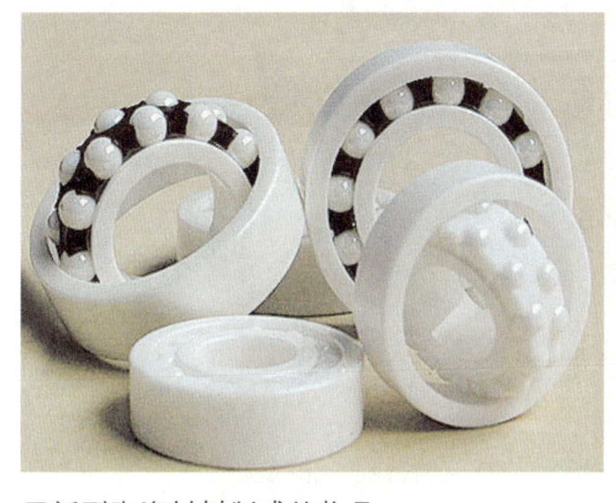

用新型陶瓷材料制成的物品

基地链接

耀州窑博物馆

耀州窑博物馆位于陕西铜川王益区黄堡镇之南，是在1958年发掘的耀州窑遗址上建立起来的。它是目前我国规模最大的集遗址遗迹展示、文物标本陈列、模拟古代制瓷工艺演示于一体的古陶瓷遗址专题博物馆。

耀州窑遗址

耀州窑博物馆模拟古代制瓷工艺演示

耀州窑博物馆外景

耀州窑博物馆集中展出了保存较完好的唐三彩作坊、窑炉遗址和唐宋制瓷遗迹，以及一千多件珍贵的耀州瓷文物、标本和生产工具，反映了耀州窑宏大的生产规模及其取得的辉煌成就。此外，馆内的陶艺中心演示了全部的陶瓷生产工艺流程，观众可以通过学习在这里亲自动手制作陶艺品。特别是，博物馆还为观众提供代烧作品服务。

耀州窑博物馆的建成开放，为科学地收藏和陈列展示千年耀州瓷珍品，继承和弘扬博大精深的耀州瓷文化，以及研究中国古代陶瓷和中国古代文化史，提供了弥足珍贵的实物资料。

课程链接

人教版高中《化学（选修 1）》中的《玻璃、陶瓷和水》

探究思考

1. 从传统的十七道工序，到现代的五个步骤，耀州窑制瓷工艺经历了怎样的发展？想一想：这样的发展是好还是坏？为什么？

2. 现代新型陶瓷材料的应用十分广泛，查阅相关资料，看看它还被用于哪些领域。

□ 中国最早的医学百科全书

·讲 述

远古时期，我们的祖先在采摘野果、挖取植物根茎和打猎等劳作过程中，开始对接触到的动植物的药性有了一些初步的认识。人们发现在食用了某些动植物后，病痛就神奇地减轻或消除了。这就是中药的起源。我们的祖先在与疾病作斗争的过程中，通过实践，不断认识，逐渐积累下极为丰富的医药知识，进而形成了中华民族特有的医学理论体系——中医。从师承口授，到文字记载，我国古代医药学已有数千年的发展。与此同时，也涌现出了许多知识渊博、医术精湛的医药学家，他们不慕名利，行医施药，治病救人，为人们缓解病痛，深受百姓尊敬。孙思邈就是其中之一。

孙思邈是唐代京兆华原（今陕西铜川耀州区）人，自幼天资聪颖，嗜学如渴。他七岁时就认识一千多字，每天能背诵上千字的文章。据《旧唐书》记载，西魏大臣独孤信对孙思邈十分器重，称其为“圣童”。因自幼体弱多病，常请医生诊治，以致耗尽家资，所以孙思邈在青年时就立志以医为业，刻苦研习医药之术，用尽心力从事医学研究。

孙思邈画像

行医后，孙思邈一切以治病救人为先，不分“贵贱贫富，长幼妍媸，怨亲善友，华夷愚智”，皆一视同仁，声言“人命至重，

孙思邈“大医精诚”雕像

有贵千金”，可谓医德高尚。同时，他提出“大医精诚”的理念，要求医生对技术要精，对病人要诚。他身体力行，一心赴救，不慕名利，用毕生精力践行着自己的医德思想。宋代林亿称赞他说：“其术精而博，其道深而通。以今知古，由后视今，信其百世可行之法也。”孙思邈是我国医德思想的创始人，被西方称为“医学论之父”。

孙思邈一生淡泊名利，晚年隐居故里京兆华原的五台山（今陕西铜川药王山）专心立著，直至白首之年，未尝释卷。他对民间医疗经验极为重视，为了解中草药特性，经常不辞辛劳，不远万里地到实地访寻。为得一方一法，他更是不惜千金，以求真传。他辗转于五台山（今药王山）、太白山、终南山、峨眉山等地，采集药材，炮制药物，提炼丹药，深究药性，最终完成了不朽著作《千金方》。

·知识链接

知识拓展

孙思邈的医学创新

由于孙思邈有八十多年的医疗实践经验，又善于观察、分析和思考，重视对疾病的个性化研究，在对医学各科的认识和诊断治疗水平等许多方面，都超过了前人。他发现了一些新的疾病，并创造出一些新的治疗方法。

孙思邈是导尿术的发明者。据记载，有一个人得了尿潴留病，撒不出尿来。他看到病人憋得难受的样子，心想："吃药来不及了，如果想办法用根管子插进尿道，尿或许会流出来。"他正好看见邻居的孩子拿了一根葱管在吹着玩儿，便决定用葱管来试一试。他挑选出一根粗细适宜的葱管，在火上轻轻烧了烧，切去尖的一头，然后小心翼翼地将其插进病人的尿道里，再用力一吹。不一会儿，尿果然顺着葱管流了出来，病人的小肚子慢慢瘪下去了，病也就好了。历史上是他首先使用葱叶导尿的，直到元代才改用羽毛管导尿。至于法国医生拿力敦发明的用橡皮管导尿，已是一千二百年后的事了。

孙思邈对针灸学理论和技术研究有许多发展和创新。《千金方》中，除专篇论述外，还记录了各科疾病运用针灸疗法的处方约400条。他绘有彩色《明堂三人图》，使医生能"依图知穴，按经识分"，且统一了穴位名称，纠正了前代穴位混杂的现象。为使取穴准确，他发明了手指比量取穴法，后人在此基础上发展为同身寸法，沿用至今。他创立的"阿是穴"及"有疼痛便是穴"的取穴法，成为中医疗法的重要内容。

孙思邈还是一个有作为的炼丹家。在《丹经内伏硫黄法》中，孙思邈记录了火药的配方。火药是我国古代四大发明之一，是我国古代炼丹家对人类做出的贡献。孙思邈在《丹经内伏硫黄法》中所记的火药配方是现存最早的火药配方记录。

在临床实践中，孙思邈还总结了许多宝贵经验。例如，用动物肝脏治疗夜盲症，用羊的甲状腺治疗地方性甲状腺肿，用牛乳、豆类、谷皮等防治脚气病；对于孕妇，他提出住处要清洁安静，心情要保持舒畅，临产时不要紧张；对于婴儿，他提出喂奶要定时定量，平时要多见风日，衣服不可穿得过多；等等。这些主张全部记录在《千金方》一书中，时至今日仍有现实意义。

黑火药

名物疏解

中国最早的医学百科全书——《千金方》

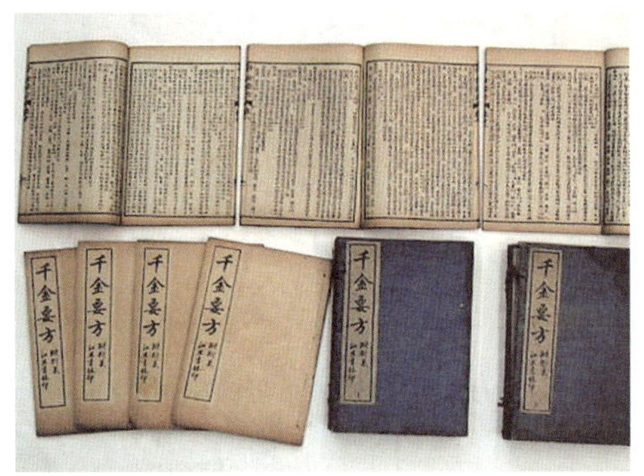

《千金要方》书影

《千金翼方》书影

在医药学研究方面，孙思邈倾注了大量的心血。从药物的采集、炮制到性能认识，从药方的组合配置到临床治疗，孙思邈参考前人的医药研究，并结合自己的实践经验，写成了我国医学发展史上具有重要学术价值的两部医学巨著——《千金要方》和《千金翼方》。

《千金翼方》是对《千金要方》的补编，这两部书合称《千金方》。两部巨著共 60 卷，药方论 6500 首，记载了大量的医药资料，被誉为中国最早的医学百科全书。这两本书涵盖了从基础理论到临床各科的全部知识，理、法、方、药齐备。书中还收集了从张仲景时代至孙思邈时代的临床经验、数百年的方剂成就，特别是源流各异的方剂用药，对后世医学特别是方剂学的发展产生了显著影响。后人称《千金方》为方书之祖。

事件回放

悬丝诊脉

唐贞观年间，太宗李世民的长孙皇后怀孕十多个月不能分娩，而且卧床不起。虽经不少太医医治，但病情一直不见好转。大臣徐懋功将孙思邈推荐给太宗。太宗派遣大臣星夜奔赴华原县，将孙思邈召进皇宫。在封建社会，由于有“男女授受不亲”的礼教束缚，医者给宫内妇女看病大都不能接近其身，只能根据旁人的口述来诊病开方。孙思邈一面叫来了皇后身边的宫娥采女细问病情，一面要来了太医的病历处方认真审阅，并根据这些情况，进行了详细的分析研究。最后，他取出一条红线，叫采女把线的一端系在皇后的右手腕上，把另一端从竹帘内拉出来。孙思邈捏着线的另一端，在皇后房外开始“引线诊脉”。没用多大工夫，孙思邈就诊完了脉。他吩咐采女将皇后的左手扶近竹帘，然后看准穴位猛扎一针，皇后随感疼痛，浑身颤抖，不一会儿，便听得帘内传来婴儿呱呱啼哭之声。

古人悬丝诊脉

唐太宗大喜，想留孙思邈执掌太医院。但孙思邈不愿在朝为官，一心只想漂泊四方为广大人民群众舍药治病。于是他向太宗陈述了自己的志愿，婉拒了太宗赐予的官位。太宗不好强行挽留，就赐他“冲天冠”一顶、“赭黄袍”一件、金牌一面、良马一匹、黄金千两、绸缎百尺，还大摆宴席，一来为欢送孙思邈，二来为庆贺皇后病愈并生下皇子。孙思邈再次拒绝了太宗赐给的黄金绸缎。唐太宗十分欣赏孙思邈，后来还亲临华原县五台山拜访他，并赐颂词一首。

延伸阅读

中医药在现代的发展

近年来，我国的中医药事业进入了新的发展时期，“中医热”不断掀起风潮。屠呦呦受到《肘后备急方》的启示，利用乙醚提取技术发现了“青蒿素”。这一抗疟药物拯救了全球数百万人的性命，屠呦呦也因此成为第一位获得诺贝尔奖的中国本土科学家。里约奥运会上，泳坛名将菲尔普斯身上的火罐烙印

屠呦呦

让世界了解了“中国印”。据统计，2004年有六成欧洲人在用中医药治病，而瑞士早在1999年就将中医、中药、针灸纳入国民医疗保险。

中华人民共和国成立后，中医药的传播越来越广，产生的影响和作用越来越大。20世纪六七十年代，出现了全球性的“针灸热”“中医热”。进入80年代，欧美发达国家又兴起了“中药热”，各国纷纷派遣留学生到中国来学习中医药，还派使团来参观学习，考察中药的栽培、炮制、成药工作，洽谈商贸和技术合作。作为“健康中国”建设的重要力量，中医药越来越显示出其独特的价值，越来越受到国际社会的广泛认可和关注。截至目前，中医药已传播到全球183个国家和地区。中药逐步进入国际医药体系，已在俄罗斯、古巴、越南、新加坡、阿联酋等国以药品形式注册。中医也不断在世界范围内得到发展。

中医药历史悠久，资源丰富，理论独特，在世界上有广泛的影响，具有很高的实用价值和丰富的科学内容，是我国医药宝库的重要组成部分。它不仅是我国的优秀文化遗产，也是世界的优秀文化遗产。

用于针灸疗法的毫针

基地链接

药王山

孙思邈在医学上的杰出成就及其崇高的医德医风，使他深受人民群众的爱戴和敬仰。千百年来，用来纪念他的庙宇遍布各地。尤其在他的家乡陕西铜川，当地群众给他修庙立碑，还把他隐居过的五台山改名为“药王山”。山上至今还保留有许多与孙思邈有关的古迹，如药王庙、拜真台、太玄洞、千金宝要碑、洗药池等。每年农历二月初二，这里还会举办药王孙思邈文化节纪念活动。

药王山碑

孙思邈故里——药王山

课程链接

人教版高中《语文(必修)》下册《青蒿素:人类征服疾病的一小步》

探究思考

1. 你知道哪些中药?它们都有怎样的药性?

2. 你如何理解药王孙思邈提出的“大医精诚”的医德思想?

3. 除了孙思邈,你还知道哪些古代的医药学家?他们都有哪些著作?

4. 近年来,中医药在国外广受欢迎。想一想:这是为什么?说明了什么?

近代科技发展

□ 民族企业张裕葡萄酒助力中国外交

·讲 述

葡萄酒在我国从引进到发展至今的历程可谓曲折。唐太宗李世民喜爱葡萄酒几近痴迷，还专门建造了皇家葡萄园。在那个时代，葡萄酒见证了大唐盛世的荣耀，也迎来了自己的灿烂时刻。由于皇帝的钟爱，葡萄酒开始从皇宫高墙进入寻常百姓家，一时之间广受喜爱。唐太宗用葡萄酒接待外宾和使臣，举国上下都在享受“葡萄美酒夜光杯”的美事。进入元朝以后，葡萄酒的发展达到鼎盛时期。清朝时，它是康熙皇帝最喜欢的御酒。沧海桑田，朝代更迭，葡萄酒见证了一代代帝王的骄傲与落寞。到了清末民初，局势动荡，战火四起，百姓温饱都难以解决，葡萄酒开始销声匿迹。

“生为中华民族，当效力于中华民众。”这是著名爱国华侨张弼士常说的一句话。1892 年，张弼士本着“实业兴邦”的理想，在我国山东烟台建立了张

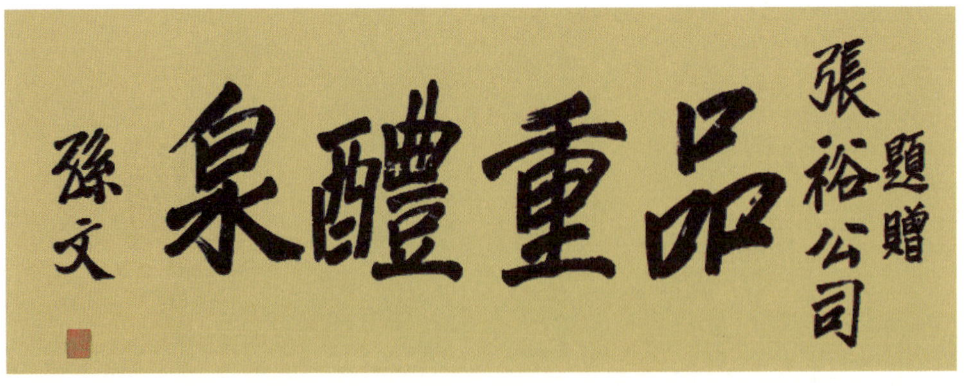

孙中山为张裕题赠“品重醴泉”

1915 年巴拿马万国博览会

裕酿酒公司（简称张裕）。张裕作为中国第一个工业化生产葡萄酒的公司，采用了许多先进的生产方法：将储酒容器缸瓮改成西方常用的橡木桶；引进欧洲酿酒所用的优良葡萄品种，开辟纯种葡萄种植园；采用欧洲先进酿酒技术，开创国内生产优质葡萄酒的先河。当时适逢洋务运动兴起，张裕受到李鸿章的不少关照，因此得到了更好的发展。张裕成为洋务运动硕果仅存的一家民族企业。1912 年，孙中山先生为张裕酿酒公司题赠“品重醴泉”，以示嘉勉。而后张裕酒又在 1915 年的巴拿马太平洋万国博览会上一举获得四项金奖，这是我国生产的葡萄酒第一次饮誉海内外。

中华人民共和国成立初期，张裕面临着技术和人才青黄不接的问题，恢复生产极其困难。毛主席和其他领导人对这一经济问题高度关注，向张裕也向中国葡萄酒业表明：“要大力发展葡萄和葡萄酒生产，要让人民多喝一点葡萄酒。”1949 年，张裕葡萄酒成为我国首次国宴用酒，并沿用至今。

张裕葡萄酒连续三届入选“中国八大名酒”

1954 年 4 月，日内瓦会议召开，这是我国第一次参加国际大型会议，周恩来总理亲自率团参加。在会议期间，周恩来总理用张裕的金奖白兰地葡萄酒宴请各国与会代表，给各国友人留下了深刻印象。这次外交因此被称为“金奖白兰地外交”。日内瓦会议会刊《国际杂谈》中记载到：“张裕金奖白兰地代表了中华人民共和国科学文化的进步。”时至今日，在 2019 年“全球白兰地 XO 盲品大赛”中，张裕的白兰地葡萄酒力压全球知名洋酒品牌，获得冠军。同年，在德国举办的国际葡萄酒大赛中，张裕再次拔得头筹。中国人用民族气节捧起了属于自己的殊荣。

·知识链接

知识拓展

红葡萄酒的酿造流程

采收葡萄

1. 采收

采收时要注意，不要使葡萄果粒破损，破损的葡萄会影响酒的风味。成熟的葡萄采收后，要尽快破碎加工，保证破碎葡萄的新鲜度。

2. 破皮、去梗

红葡萄酒的颜色和口味结构主要来自葡萄皮中的红色素和单宁等物质。必须先使葡萄果粒破裂而释放出果汁，让葡萄汁液与果皮接触，才能释放出这些物质。

3. **浸皮、发酵**

完成破皮、去梗后，将葡萄汁和皮一起放入酒罐中，一边发酵，一边浸皮。其间要不断地搅拌，使葡萄汁与葡萄皮尽可能完全接触。浸皮的时间越长，释入酒中的酚类物质、香味物质、矿物质等越多。

4. **压榨出渣**

罐内的液体经过发酵后会变成两部分：一部分是清液，另一部分是残渣中的液体。这时候，先让清液流出来，存放在新罐内储存或进行下一步发酵。这部分液体的酒体比较细腻，其中的单宁物质比较优质。罐内剩余的残渣则采用压榨的方法，将其中的液体挤出来，再去掉葡萄渣。这部分液体中的单宁物质比较劣质，酒体也比较粗糙。

5. **苹果酸-乳酸发酵**

这个步骤就是让生硬的苹果酸变成更加柔和的乳酸，达到降低酒体酸度的目的。同时，这个发酵过程会让酒变得更加稳定、柔和，让酒香融进橡木桶的味道。加上乳酸发酵产物，酒香会更加有层次，更加复杂、迷人。

6. **橡木桶培养**

发酵刚结束时的酒为新酒，口感大都比较酸涩、生硬。为了使新酒经过储藏陈酿逐渐成熟，口味变得柔和、舒顺，达到最佳饮用质量，几乎所有高品质的葡萄酒都要经橡木桶培养。

张裕百年大酒窖

7. **装瓶及储藏管理**

在各种容器中沉睡的葡萄酒仍然在成长，需要经过一系列的化学变化和物理化学变化后，才会逐渐成熟。

延伸阅读

葡萄酒的存储科学

保持凉爽、恒定的温度。葡萄酒不像啤酒，室温存放或存储在冰箱里都行。它对温度的要求较高，10～15℃是它最理想的存储温度。温度过高会使葡萄酒加速老化，无法表现出更丰富、细腻的风味；而温度过低，会使葡萄酒的成熟速度放缓，香气变得相对封闭，无法传到很远的地方。此外，不能将葡萄酒存放在温度剧烈变化的地方，因为温度剧烈变化时，软木塞会发生热胀冷缩，这时过量的氧气会趁机从瓶口的缝隙进入瓶内，从而破坏酒质。

注意维持适宜、恒定的湿度。湿度应保持在 70%左右。这是因为湿度太大，会导致软木塞和酒标腐烂发霉；湿度太小，又会使软木塞变干而失去弹性，无法达到密封瓶口的目的。这些因素都会加速葡萄酒变质。

避免强光照射。大多数葡萄酒都采用深色酒瓶盛装，这是因为光照会加速葡萄酒老化，人造光线还有可能催生出异味。长期处于光线照射下，葡萄酒的味道层次会逐渐松散，从而使香气和风味日趋寡淡。对于细腻雅致的香槟和酒体较轻的白葡萄酒而言，光线的杀伤力更为致命。使用无色玻璃瓶盛装的葡萄酒对光线最为敏感，储存时应尤其注意避光。

避免震动和摇晃。频繁的摇晃或者震动会使葡萄酒中的各种物质相互接触并发生反应。这种反应不是像糖在水中搅拌后溶解的物理反应，而是产生了新物质的化学反应，会对酒质造成损害，还会搅起陈年老酒中的沉淀物，使其口感变得粗糙。

水平放置酒瓶。水平放置酒瓶的目的在于保证软木塞能接触到酒液，以防止其干瘪变形，让氧气有机可乘。当然如果是采用螺旋盖封瓶的葡萄酒，则无须讲究是否水平放置。

基地链接

张裕瑞那城堡酒庄

位于陕西咸阳渭城区渭城镇的张裕瑞那城堡酒庄，是张裕在国内的六大酒庄之一，于 2014 年 6 月正式对外开放。它是以高标准建成的一座集优质葡萄种植、高端葡萄酒生产销售、葡萄酒文化展示和旅游休闲为一体的国际一流葡萄酒酒庄。

张裕瑞那城堡酒庄有几百亩的鲜食葡萄和酿酒葡萄种植园。与鲜食葡萄相比，酿酒葡萄在种植、管理、采摘等方面更加精细，使这里生产的葡萄酒品质得到了保障。

张裕瑞那城堡酒庄还利用前沿的互动科技，搭建“敏感的舌头”“快乐鼻子”等项目，为观众创造交流互动、体验参与的寓教于乐的葡萄酒知识学习平台，让观众从嗅觉、味觉等多个层面感受葡萄酒的魅力。

张裕瑞那城堡酒庄

探究思考

1.“户太 8 号”作为陕西省当地一种有名的葡萄，可以用来酿造葡萄酒吗？说说其中的原因。

2. 葡萄酒饮用价值较高，你知道它有哪些特别的功效吗？

3. 成熟的葡萄表面都会有一层白霜，它对葡萄酒的酿造有非常重要的作用。查阅相关资料，说说其中的奥秘。

□ 西安近代工业的见证者——大华纱厂

·讲 述

“唧唧复唧唧”的声音来源于一种机器，大家知道是什么吗？答案是织布机。制作衣服的各种布料就是织布机织出来的。从远古时代的树叶、兽皮，到古代的丝绸、麻衣，再到近现代的棉布及化学纤维等，从男耕女织的手工纺织到全自动的机械化生产，纺织材料及生产技术发生了巨大的变化。纺织业也是我国最早引进机器生产的工业之一。第二次鸦片战争后，由于欧洲国家生产的洋布、洋纱大量倾销到我国，使我国传统的棉纺织手工业深受打击，但同时也促进了中国近代纺织业的兴起。

大华纱厂旧照

19世纪60年代，随着洋务运动的开展，从洋务派到民族企业家都开始创办纺织企业，但它们大多集中在上海、南京、武汉等地，比如上海机器织布局、湖北织布局、民族企业家张謇创办的大生纱厂等。直到20世纪30年代，中国最长的东西铁路主干线——陇海铁路在西安建成通车，它不仅改善了古都西安作为内陆城市交通运输不便的问题，还为工业原料和产品的运输、销售带来了便利。加上丰富的棉毛自然资源和广大的市场，于是陕西有了第一家近代纺织企业，它就是位于西安北郊的大华纱厂，也称作大华纺织厂。它是西安首个近代工业企业，也是西北地区历史上建立最早、规模和影响较大的现代机器棉纺织企业。在这之前，西安人穿的都是由毛呢、粗布或者洋纱、洋布等面料做的衣服，直到大华纱厂的建成，西安人终于可以享受本土生产的物美价廉的棉布了。

大华工业遗产博物馆展出的服装

大华纱厂是民族资本家石凤翔为了抵制日本棉纱在中国倾销，于1935年创建的。1951年，大华纱厂转为国营企业，更名为“国棉十一厂”，成为陕西最大的一家棉纺厂。受大华纱厂影响，陕西一度成为全国重要的棉纺织工业基地，其生产的“雁塔牌”细布畅销西北、西南地区。大华纱厂镌刻着陕西近代工业文明发展的深刻印记，对西北纺织工业的产生和发展有着里程碑式的意义。

大华纱厂的生产机器基本上都是从外国引进的，均为世界一流产品，代表了当时国内纺织行业最为先进的生产水平，也为该厂在日后国内纺织行业的竞争中提供了硬件优势。在当时，大华纱厂发电机的发电量除保证企业生产用电外，还可将剩余的电力租赁给西京电厂，帮助缓解城市用电紧张的状况。

大华纱厂使用的α型大牵引纺纱机

建厂时配置的铣床

工厂使用的细纱机

车间纺织女工工作场景

大华纱厂的厂房是由苏联设计师设计的，他采用了新型建筑材料、结构和形式。纱厂的纺织车间为大规模钢结构建筑，整座房子采用钢屋架、钢柱承重。其外墙为砖墙，并用混凝土扑面。屋顶上有锯齿状排布的采光窗，有利于光线更好地进入室内，窗体一侧还铺盖有石棉瓦。厂房内部装有日本产的温湿度调节设备。大华纱厂的厂房体现了当时工业建筑施工的最高技术水平。纱厂的纺织车间至今保存完好，现作为大华工业遗产博物馆场地来使用。

作为近代西北地区第一个开始使用先进生产设备的纺织企业，大华纱厂当时生产的产品无论在质量还是数量上，在国内都处于遥遥领先的地位。比如其

纱厂钢结构车间

厂房顶部锯齿状采光窗

大华工业遗产博物馆内展示的当年大华纱厂生产的棉布

生产的“雁塔牌”细布，该布在色泽、手感及布面外观上都具有浓郁的中国特色，深受广大老百姓喜爱，拥有当时全国最高的产量和销量。

2008 年，更名为“陕西大华公司”的大华纱厂实施政策性破产。在经历了一个又一个或悲或喜、或振奋或无奈的过程之后，“大华”长达 70 余年的纺织岁月就此结束。但“大华”并未从此彻底消失，它如今被改造为西安第一个工业遗产博物馆——大华 · 1935，焕发出新的活力。

“大华·1935”产业园

·知识链接

人物档案

石凤翔

石凤翔，我国著名的纺织教育家、纺织技术专家及纺织实业家，一生致力于发展、振兴民族纺织工业，是西北近代纺织业的奠基者。他在企业经营管理上注重改进生产技术，提高产品质量，拓宽营销渠道，讲求经营方式。他还创办了台湾大秦纺织厂、台湾中国人造纤维公司，是台湾化纤工

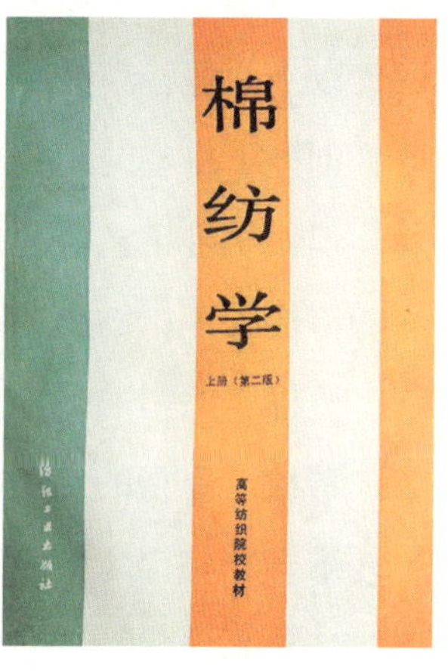

石凤翔及其主编的《棉纺学》

石凤翔在大华办公室复原场景

业的开拓者。

石凤翔不仅经营大华纱厂，而且与他人合作创办了大秦毛纺厂，还创建了大华酒精厂、实华实业、信义贸易公司等十余家企业，为抗战和西部民族工商业的发展做出了很大贡献。他的著述很多，有著名的《棉纺学》以及《抗战建国与棉纺织业》《中国经济建设刍言》《中国纺织工业十年计划》《纺织工厂标准实验》等。此外，他创办了大华纺织专科学校，为我国西部的纺织业发展培养了大量技术人才。

知识拓展

纺纱工艺

把棉花通过纺织转变成布匹是一个复杂的过程，一般需要多道工序。我国传统的纺织手工业以手工生产为主，再配以简单的机械操作，生产效率很低。近代以来，随着洋纱、洋布需求量的不断扩大，洋务派通过引进先进技术、设备，创办了一些纺织企业，我国的纺织业才走上了机械化生产的道路。

现代纺纱工艺流程主要包括清棉、梳棉、精梳、并条、粗纱、细纱六步。

清棉工序指的是清除原棉中的大部分杂质、疵点以及不宜纺纱的短纤维。

梳棉工序指的是使用清棉机对棉卷进行分梳、除杂，再混合成棉条入筒。

精梳工序指的是用精梳机进一步分离棉条中的纤维，排除一定长度以下的短纤维，并将棉条拉细到一定程度，提高纤维品质。

并条工序包括并合、牵伸、混合、成条等步骤。并合，是指将 6~8 根棉

条并合成一根长棉条。牵伸，是指把并合后的棉条拉长、抽细到规定重量，进一步提高纤维伸直、平行的程度。混合，是指利用并合与牵伸，在并条机上将棉条混合。成条，是指将并条机制成的棉条有规则地盘放在棉条筒里。

大华工业遗产博物馆展出的纺织半成品（包括粗纱、细纱、并条等）

粗纱工序是指将已并合成条的棉条放在粗纱机上进行牵伸、加捻等处理，使其具备一定的强度，方便在细纱机上缠绕。

细纱工序是指通过细纱机将粗纱牵伸、拉细到所需的粗细程度，然后加捻，形成具有一定捻度和强度的细纱，最后将其卷绕在筒管上。

延伸阅读

西安近代工业发展

西安的近代工业是从辛亥革命之后开始的，使从前男耕女织的家庭手工业走上了机械化大生产的道路。特别是在抗日战争时期，其发展十分迅速，工业种类也开始增加。在西安近代工业发展中，影响力较大的企业包括：

纺织工业中最具代表性的便是大华纱厂。

化工工业中最有代表性的是由杨虎城创办的集成三酸厂。它打破了西安市三酸长期以来依赖外地供应的局面，成为抗日战争时期重要的弹药原材料来源地，为抗战做出了重要贡献，也为诸如制革、印染、火柴等行业的发展提供了保障。

西安华丰面粉公司

西京电厂

面粉工业中的著名企业有西安华丰面粉公司。

其他工业企业包括陕西钢厂、华山机械厂、西京电厂等的建立，不仅带动了西安当地经济的现代化发展，还为广大老百姓提供了便利。

基地链接

大华·1935

位于西安城墙东北处，与大明宫国家遗址公园仅一墙之隔的大华纱厂旧

大华工业遗产博物馆

馆内“凤凰涅槃”钢铁艺术画

址，被改造成了西安第一个工业遗产博物馆产业园——“大华·1935”产业园，它是西北地区首家工业遗产保护项目。“大华·1935”产业园是集工业遗产博物馆、文化艺术中心、城市活动中心为一体的新型城市综合体。

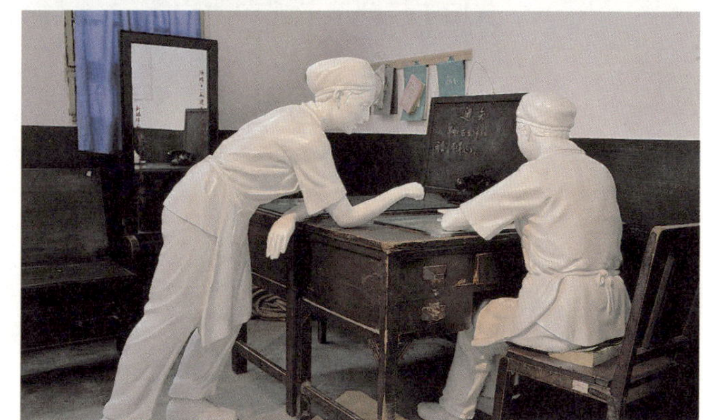

博物馆内展示的当年工人工作的场景

大华工业遗产博物馆建在大华纱厂1935年所建的老厂房之上。博物馆大门是由厂房锅炉房改造的。馆内的布置以大华纱厂的发展轨迹为主线，分为“兴建·创业1935—1949”“新生·发展1949—2008”“嬗变·重生2008—2013”三部分。馆内不仅展示了原纱厂使用的大型机器，比如发电机、织布机、铣床等，而且陈列了纱厂生产的各类产品，还重现了当时工人日常生产生活的全貌，包括一些日用品、工厂宿舍等。这些陈设对曾经在这里工作过的人们来说具有十分重要的纪念意义，也体现了该博物馆的人文情怀。

课程链接

人教版《中国历史（八年级）》上册《中国近代民族工业的发展》

探究思考

1. 翻阅相关资料，查一查：有 70 余年历史的大华纱厂是如何由工业老厂走向破产的？想一想：这给了我们怎样的启示？

2. 从旧工厂到工业遗产博物馆，在这样的改造中我们可以学到些什么？

现代科技创新

新材料领域

□ 出神入化的隐身材料

·讲 述

一提到隐身材料，同学们的第一反应是不是电影《哈利·波特》中主角所拥有的那件隐身衣？事实上，隐身衣只存在于神话传说、小说、影视剧或电子游戏中，一直未能成为现实。不过，目前世界各国的科学家都致力于研究出现实的隐身衣，虽然不能像神话故事里那样随便一块布料就能让人完全隐身，但已经取得了一些进展。我们之所以能够看到物体，是因为物体会将照射到它表面的光线分散开，并反射到人的眼睛里，也就是说物体阻挡了光线的通过。要想实现隐身，就必须有一种材料能够引导光线绕开物体的阻挡，然后进入人的眼睛，这样人就能“透过”物体看到它背后的事物，从而实现光学隐身了。

人们想象中的隐身衣

除了有让人眼看不见的隐身衣，还有让侦测器“看”不到的隐身材料。具体来说，隐身材料能帮助各种形状的物体在雷达、红外探测器等人类的高科技“眼睛”里保持隐身而不被发现，它们通常作为各种物体的涂层出现。隐身材料在军事领域的应用尤为广泛，通常作为飞机、潜艇等作战武器的“隐身衣”。我们知道，人类的眼睛能够感知光线，并将其转化成画面。军事上的探测器也是这个原理，只不过它们感知的不是光线，而是电磁波和声波等。隐身材料的隐身原理就是能量转化。具体来说，隐身材料能将物体表面一切能被探测到的电磁波吸收掉，并将其转化成其他无法被捕获的能量，从而使雷达无法探测到用隐身材料涂覆的物体，这个物体便实现了隐身。

军事探测和制导技术的发展推动了隐身材料的发展，从最早的可见光隐身材料到现在的激光隐身材料，隐身材料的研究和发展一直没有中断过。而且，随着多模技术的发展，传统的具有单一隐身功能的材料已经无法同时躲避多种探测手段的围攻。因此，多功能隐身材料在军事领域广泛应用是未来的发展趋势。毋庸置疑的是，随着雷达技术的发展，隐身材料和隐身技术必然会同样快速发展。甚至可能在不久的将来，视觉隐身也能成为现实——飞机、潜艇、导弹不仅仅从雷达里消失，人类的肉眼也观察不到，成为真正的隐身战士。

军事战场之眼——雷达

·知识链接

知识拓展

形形色色的隐身材料

隐身材料可分为雷达隐身材料、红外隐身材料、激光隐身材料和复合兼容隐身材料。

1. 雷达隐身材料

在现代战争中，雷达是探测目标最可靠的方法，因此雷达隐身材料是隐身技术的重点。早在第二次世界大战期间，德国就在潜艇上应用雷达吸波材料，来躲避对方的雷达探测。20 世纪六七十年代，美国在 SR-71 高空高速侦察机上涂覆了雷达吸波材料。到现在，雷达吸波材料已有十多种。按材料成型工艺和承载能力，可将其分为涂覆型吸波材料和结构型吸波材料两种。

美国 SR-71 高空高速侦察机

（1）涂覆型吸波材料

涂覆型吸波材料是指将吸收剂和黏结剂混合后涂覆于目标表面形成的吸波涂层。这种材料因吸波性能优异和制作工艺简单而受到世界各国重视。铁氧体是研究得比较多而且制作工艺比较成熟的涂覆型吸波材料。例如，美国的 F-117A 攻击机和“海上阴影”号隐身舰艇都采用了一种叫“铁球”的铁氧体涂料。

（2）结构型吸波材料

结构型吸波材料是一种多功能复合材料，具有承载和减小雷达反射截面的双重功能，是一种非常有发展前途的吸波材料。

美国的B-2战略轰炸机，YF-22、YF-23、F-22 战斗机，以及巡航导弹上，都大量采用了结构型吸波材料。

应用涂覆型吸波材料的先进武器

2. 红外隐身材料

随着红外探测技术的发展和先进红外探测器的问世，红外探测技术在现代战争中将占有越来越重要的地位。如美国在海湾战争击落的飞机中，有 40%是由红外制导的空空导弹击中的。因此，对红外隐身材料的研究已成为继雷达吸波材料之后未来隐身材料研究的一个重要

应用结构型吸波材料的先进飞机

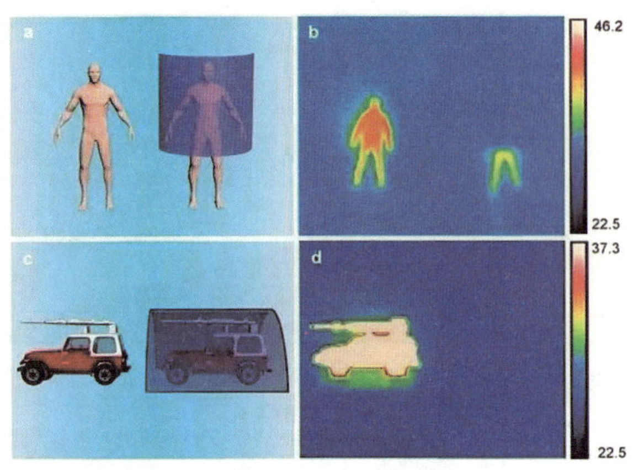

红外隐身效果示意图

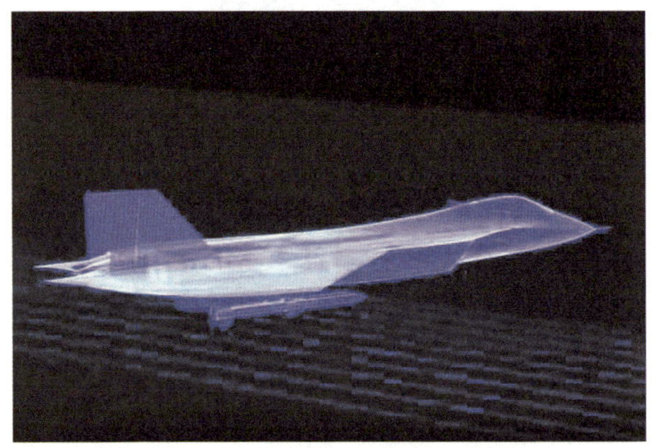
应用激光隐身材料的飞机

内容。

红外隐身纤维材料是红外隐身材料的一种，它能够吸收或屏蔽红外线特别是近红外线，以达到隐身效果。

3. 激光隐身材料

激光隐身材料是指对激光雷达具有隐身效果的材料。

4. 复合兼容隐身材料

这种材料指能同时实现两种或两种以上上述隐身效果的隐身材料，包括雷达/红外兼容隐身材料、红外/激光兼容隐身材料、雷达/激光兼容隐身材料、雷达/红外/激光兼容隐身材料四种。

延伸阅读

“铁球”漆隐身材料——美国的“雪中送炭”

A-12 和 SR-71 高空高速侦察机是最早应用“铁球”漆的飞机。D-21 无人侦察机借用了它们的大量技术，自然也包括“铁球”漆隐身材料。我国研究人员在缴获的 D-21 无人机上，意外发现了这种神秘涂层。D-21 的机体采用了昂贵的钛合金材料，但在飞机外表面却检测到很强的磁性！这磁性正是来自“铁球”漆，也就是上文介绍过的“铁氧体涂料”。

"铁球"漆这项技术在 21 世纪以前是美国军方的顶级机密，甚至连 F-117A 的存在都是在其服役后多年才被曝光的。然而，历史却开了个大玩笑。美军在 F-117A 原型机首飞的 10 年前，也就是 1971 年，就将 D-21 无人侦察机连同"铁球"漆一同"送给"我国了。

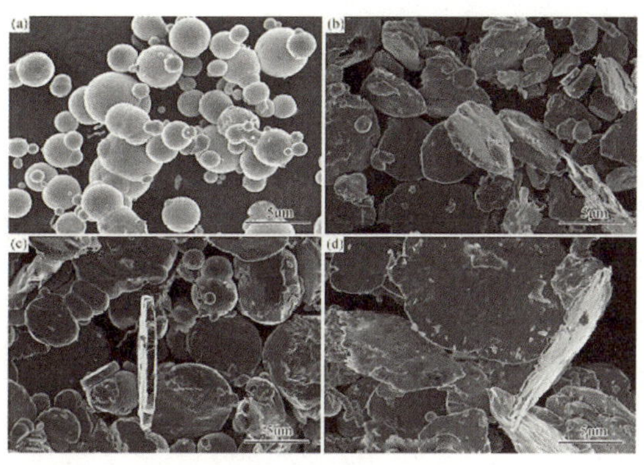
显微镜下观察到的铁氧体材料

坠落在中国的美军 D-21 无人侦察机

基地链接

西安阎良国家航空高技术产业基地

2010 年 6 月，经国务院批准，西安阎良航空基地升级为"国家级陕西航空经济技术开发区"，成为全国唯一一个以航空为特色的经济技术开发区。阎良驻有中航工业西安飞机工业（集团）有限责任公司、中航工业飞行试验研究院、中航工业第一设计研究院、623 飞机结构强度研究中心、西安航空学院等国家航空企业和科研、教学单位，是亚洲最大的集飞机研究设计、生产制造、强度检测、试飞鉴定、航空教学于一体的“航空城”。

“航空城”内有许多可供参观的展馆，比如西安阎良航空科技馆。它坐落在阎良国家航空高技术产业基地中央部位。其建筑为一层钢架结构，整体外观呈动感飞机造型，体现出现代航空产业和航空教育事业展翅腾飞的态势。科技馆以“放飞梦想，航空报国”为主题思想，展示了众多航空器械实物与模型。许许多多具有隐身特性的飞机“老兵”也被陈列在这里。这些曾翱翔蓝天的雄鹰虽历经风雨，仍展翅待飞。此外，这里还陈列了数十架中外著名飞机的模型和发动机等其他航空器械实物。

课程链接

人教版《物理（九年级）》中的《电磁波的海洋》

探究思考

1. 如果让你设计隐身衣，除了视觉隐身外，你还想为它添加哪些功能？

2. 如果隐身衣研制成功，你觉得是否需要限制购买？

3. 我们知道能量是守恒的，那么那些被雷达隐身材料吸收的电磁波最后到哪里去了？

□ 给古代壁画穿上纳米盔甲

·讲 述

东汉曹植有诗“连骑击鞠壤，巧捷惟万端”，将热火朝天的马球比赛场景表现得活灵活现。击鞠，俗称打马球，是一项风靡古代的竞技运动。特别是在唐代，上自皇室贵族，下至民间百姓，都十分喜欢这项运动。在陕西历史博物馆的“唐墓壁画珍品展”中，有一幅出土于章怀太子墓的《马球图》壁画，它生动描绘了唐代马球竞技活动的盛况。画师用精湛的画技，将双方人员迎风追击、马匹腾空而起的动态景象表现得惟妙惟肖。

“唐墓壁画珍品展”中的唐墓壁画珍品共计 640 幅，其中还有许多像章怀太子墓《马球图》一样的国宝级珍品。这些唐墓壁画虽然出土于墓葬，但是画中并没有流露出任何低沉、悲伤的情绪，反而传达出热烈活泼、积极向上的生活态度，以及盛世大唐祥和、积极的社会精神，同时也反映出中国墓葬文化中“视死如视生”的理念。透过栩栩如生的壁画，我们可以清晰地感受到盛世大

马球图（章怀太子墓）

陕西历史博物馆“唐墓壁画珍品展”展厅

唐积极繁荣的生活景象和活泼包容的人文气息，直观地了解唐代的建筑、风俗、服饰、兵器、艺术等方面的情况，这对现代的唐文化研究来说意义非凡。

宫女图（永泰公主墓）

然而，由于墓葬壁画数千年来一直掩埋于潮湿阴暗的地下，长期以来受到水分及溶于其中的无机物的侵蚀，以及因温度变化而产生热胀冷缩。此外，壁画中的黏结颜料主要以植物胶或动物胶为原料，而胶类物质中富含糖类、蛋白质等营养物质，在适宜的温度及湿度条件下会使微生物大量繁殖。这些会使壁画产生酥碱、空鼓、断裂、起甲等病害。为此，科学家们一直尝试使用加固剂对壁画进行修复。

酥碱

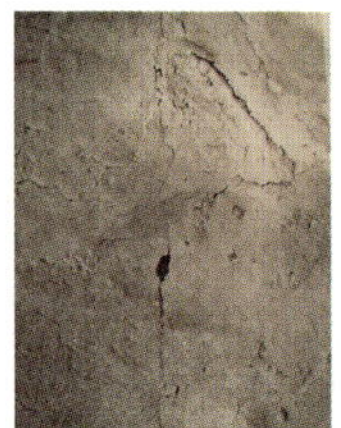
空鼓

断裂

起甲

常见的壁画病害

通常使用的加固剂可以分为有机和无机两种。其中，有机加固剂普遍具有良好的黏结性和渗透性，容易成膜，但它与壁画墙体本身的兼容性差，就像水与油混合后会产生分层现象一样，因此需要更进一步优化。而使用无机加固剂的壁画就不存在这个问题。最具优势的无机加固剂是氢氧化钙。它的水溶液就是石灰水。石灰水缓慢渗入壁画，等水分蒸发完会留下氢氧化钙，它会与空气中的二氧化碳反应生成一种新的无机物——碳酸钙。这种新物质与壁画墙体的成分相同，因此不存在兼容性差的问题。但由于其渗透性较差，所以科学家们将大块的氢氧化钙制成纳米级材料，这种材料不仅具有良好的渗透性，而且与二氧化碳的反应活性强，可以加速反应进程，从而十分高效地保护壁画文物。

·知识链接

知识拓展

纳米材料的神奇特性

纳米是一个非常小的长度单位，属于人眼无法观察到的范围。形象地讲，把直径为1纳米的小球放到一个乒乓球上，相当于把这个乒乓球放到地球上。一个针尖的直径约为100万纳米，而一个病毒的大小一般为30～100纳米，这就是病毒无孔不入的原因。纳米材料，通俗地讲，是指在三维空间中，结构单元至少有一维处于纳米尺度的材料。近年来，在众多领域广泛使用的碳纳米管、石墨烯等均属于纳米材料。

由于纳米材料的尺寸非常小，这使其具有许多优异的特性。众所周知，看似光滑的物体表面在显微镜下其实是凹凸不平的，但纳米材料可以作为涂层将这些坑填满补平——这就跟在碎石堆的缝隙中填充细沙的道理一样。这样一

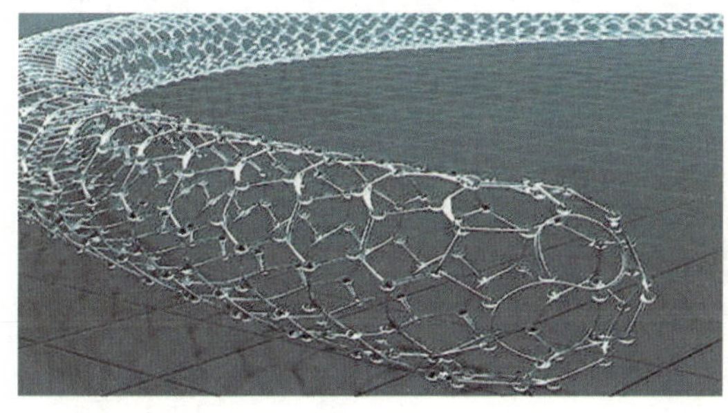

碳纳米管分子结构示意图

石墨烯分子结构示意图

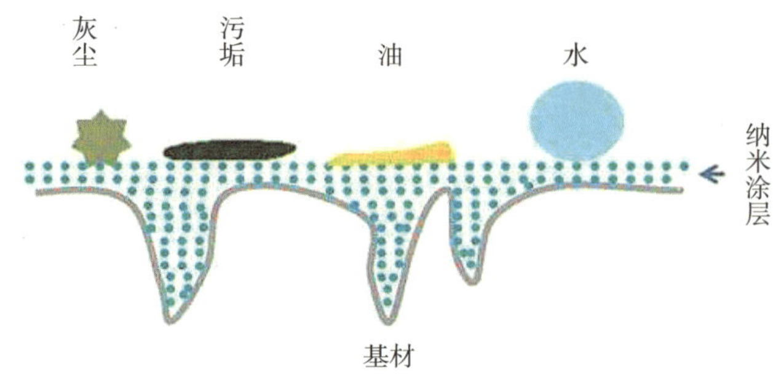

纳米材料疏水、疏油、自清洁效果原理示意图

来，物体表面会变得光滑平整，脏物、水渍等才不易附着其上。这也是纳米材料具有疏水、疏油、自清洁效果的原因。

纳米材料具有良好的吸附性

此外，纳米粒子较小的尺寸还会使其具有相当大的比表面积。这个不难理解，就像把一个西瓜切成许多块时，切的块数越多，西瓜与空气接触的面积就越大。而纳米粒子表面的悬空键就像许多神奇而又灵活的手一样，比表面积越大时，手会越多，抓取的东西也就越多，这使得纳米材料普遍具有良好的吸附性。并且，这些神奇的手会极易抓取一些易使物质腐坏的氧原子、氧自由基、芳香烃等基团，使纳米材料具有防腐杀菌的作用。正是这些优越的性能特点，使得纳米材料逐渐在文物保护领域绽放异彩。

延伸阅读

先进的壁画修复材料

西北工业大学文化遗产研究院材料科学与考古研究中心的李炫华教授团队，首次尝试将石墨烯增强纳米氢氧化钙材料应用于壁画修复中，得到一种尺寸均匀且细小的纳米材料，其与空气中二氧化碳的反应十分迅速。该材料的出

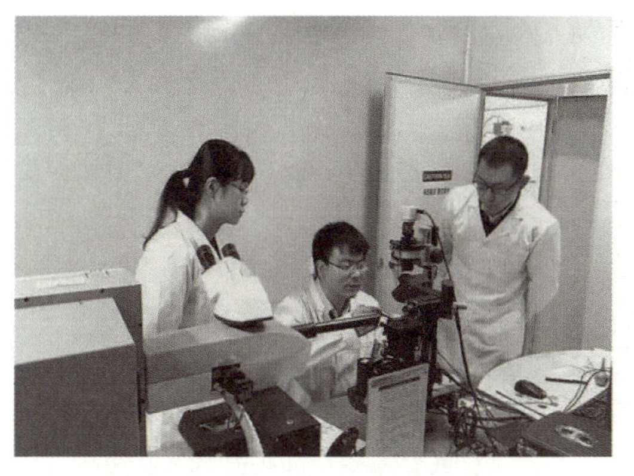
李炫华教授（中）带领学生观察新材料

现，解决了困扰科学家几乎二十年的难题。这种材料具有良好的抗紫外线性能，不易脱落，对壁画颜料具有强烈的吸附性。而且，它与空气中的二氧化碳发生反应，在短短两周左右的时间里，就会生成一种坚固的矿石——方解石，从而极大地提高了壁画加固的强度。因此，这种材料具有十分显著的保护效果。这项研究成果开辟了新兴二维纳米材料应用于文化遗产保护的新研究方向，具有十分重要的意义和价值。此外，该团队还研究了将具有良好隔热效果的六方氮化硼引入纳米氢氧化钙颗粒后的保护效果，发现这种神奇的材料可以赋予壁画良好的防火性能，如同给壁画穿上了《西游记》中唐僧的防火袈裟一样。

巧夺天工的壁画修复技艺

当观众驻足于博物馆中精美的壁画前，思绪飞扬，流连忘返时，很难想象壁画经历了怎样的修复过程才呈现在人们眼前的。那么，壁画的修复工作到底包含哪些工序呢?

清理壁画表面

首先需要用刷子将壁画待修复区域的表面清理干净，然后再对其进行加固。具体的加固方法为：①剪取与待修复区域大小相当的宣纸一片，用医用胶带将其粘在所选区域的壁画上，注意只粘四个角即可；②将配置好的纳米氢氧化钙溶液均匀地喷洒在

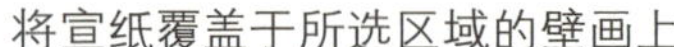
将宣纸覆盖于所选区域的壁画上

将泡沫板铺有湿巾的一面盖在宣纸上

宣纸上；③拿出一片湿巾，将其铺在事先扎好孔洞的泡沫板上；④将泡沫板铺有纸巾的一面盖在所选区域的宣纸上，然后施力压覆其上，使其不易脱落。其他需要加固的区域均可重复上述操作。

在接下来的三天内，要继续在湿巾上喷洒纳米氢氧化钙溶液。需要注意的是，这一过程需要严格控制湿巾的含水量和纳米氢氧化钙溶液的添加量。三天后，移除湿巾等加固工具，让需要加固的壁画区域暴露到空气中自然晾干即可。

壁画修复工作是不是非常有趣呢？但这有趣的工作却要求研究工作者具有数年的相关经验，能针对特定的病害对症下药，并能适当地调整修复过程中的细节，为壁画找寻最适合的修复方案。只有这样，才能使这些千疮百孔的壁画“病患们”痊愈，重新焕发出活力。

基地链接

陕西历史博物馆唐代壁画珍品馆

考古人员以洛阳铲为工具，将那些被历史封存的悄无声息的墓葬壁画重现在世人面前，它们真实、详尽、生动、有趣，足以令一切描述性的词语黯然失色。在位于西安大雁塔西北方向的中国第一座大型现代化国家级博物馆——陕西历史博物馆中，有一个陈列有精美的唐代墓葬壁画的珍品馆。它是

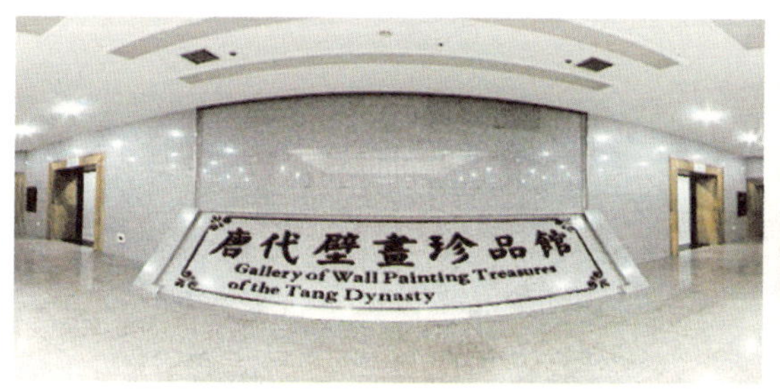

唐代壁画珍品馆

壁画展柜

中国第一座唐墓壁画馆，由中意两国合作建设，收藏有章怀太子墓出土的《客使图》《马球图》《狩猎出行图》、懿德太子墓出土的《阙楼图》《仪仗图》、永泰公主墓出土的《宫女图》等共计 640 幅壁画，总面积超过 1000 平方米。唐墓壁画是陕西历史博物馆最具特色的馆藏之一，有外国友人将此处称为“中国的乌菲齐画廊”。

探究思考

1. 你知道陕西历史博物馆里还有哪些精美的壁画吗？请举例说明。

2. 你听说过纳米材料吗？请举例说明你在生活中所了解到的纳米材料。

3. 想一想：纳米材料为什么可以用于壁画修复？它有哪些独特的地方？

海陆空领域

□ 大飞机诞生记

·讲 述

“大鹏一日同风起，扶摇直上九万里。”2017 年 5 月 5 日下午，国产大型客机 C919 在上海浦东国际机场腾空而起，翱翔于天际，吸引了全世界的目光，也翻开了中国民用航空事业的崭新篇章。看到新闻的你或许有过这样的疑问：这样一架巨大的飞机，究竟是如何被制造出来的呢？不同飞机的制造过程是相同的吗？事实上，所有飞机包括大飞机的研制程序基本上都是一样的。现在让我们一起去看看吧！

美国 C-17 大型战略战术运输机

会议室里，一群人正在认真地讨论着：“我们这款客机主要追求经济性和安全性，我们要求这些指标……”“针对这个要求，我们可以这样做……”这是设计单位和订货单位在协商制订飞机的设计要求。这是设计一架飞机首先要做的事。不同于汽车等产品是造好了再进行销售，飞机是先接订单，再进行生产。它的设计要求通常由设计单位和订货单位协商后共同制定。民航客机的订货单位通常是航空公司，而军用飞机一般是军方。订货单位会根据设计要求来验收新飞机。

制定好设计要求之后，飞机设计公司里的人就要开始忙碌了。首先进行飞机的设计，一个个模型、一张张图纸被绘制出来，飞机的内部构造逐渐清晰。不同部门的工作人员，在总设计师的安排下，负责不同部分的设计工作。设计工作一般分为两大部分：总体设计和结构设计。负责总体设计的人员要确定全机的主要参数、基本外形和构件的布置等，并进行飞行性能的初步估算；负责结构设计的人员则要对飞机各部分的结构进行具体设计，大到机身的结构，小到螺钉的布置，都要满足相应的要求。

在一个巨大的车间内，数百名工人围着一个由钢铁制造的庞然大物忙上忙下。有人在拿着焊枪认真地焊接钢架，有人拿着扳手在对螺钉挨个检查，还有人在远处的控制室里操纵着平台的升降……这就是一个飞机制造工厂里的景象。一架飞机通常有几百万个零件，它们将在这里被拼接组装起来，然后装上全部设备系统和发动机后，运送出厂进行下一步的校验工作，确认合格了才能投入正常的生产。

在一个有各种设备的车间里，飞机被连接上各种装置和线路，在工作人员一通操纵后，飞机的相应结构发生了变形，电脑屏幕上的数字跳动起来，不同种类的数据被记录下来。这是在对大飞机进行试验，也就是通过各种方法来模拟飞机在不同条件下的受

C919 总装车间

C919 静力试验现场

AG600 水上首飞

力，看其结构是否能保持完好和稳定，从而检验飞机的安全性及其他各项性能。试验完成后还要进行试飞，试飞员将驾驶飞机完成起飞、降落等各种动作，通过实践来检验它的性能。

完成这整套流程需要多长时间呢？根据飞机种类的不同以及国家的科技实力和制造水平，一架新型号的飞机从设计到投入使用，通常需要几年甚至十几年的时间，有十几万甚至几十万人参与其中。可以说这是个非常庞大的工程，它凝结了无数人的心血和汗水，也寄托了人们驰骋蓝天的梦想。

·知识链接

名物疏解

大飞机

在航空领域，大飞机一般是指最大起飞重量超过 100 吨的运输类飞机，也包括 150 个座位以上的干线客机。比如法国空中客车公司（简称空客）的

A330、A350、A380飞机和美国波音公司（简称波音）的747、777、787飞机等，我们日常乘坐的主要都是这些机型。由于各国航空工业发展水平不同，大飞机也只是个相对的概念。一般来说，在中国150个座位以上的客机被称作大型客机，而国际上习惯把300个座位以上的客机称作大型客机。

安-225运输机

设计生产大飞机的难度很大，需要很强的科技和经济实力，也与国家航空工业和空军装备的发展水平相关，因而研发生产我们自己的大飞机也寄托着国家富强的“中国梦”。

安-225运输机是目前世界上最大的运输机，也是最大的飞机。它是20世纪80年代由苏联制造的，主要用来运输暴风雪号航天飞机，最大起飞重量高达640吨。目前世界上最大的客机是空客 A380，在三舱等（头等舱、商务舱、经济舱）布局时可装载555名乘客，最多可装载861名乘客。

空客 A380

知识拓展

中国大飞机中的“三剑客”

在我国的大飞机领域里，有一个著名的“三剑客”组合，包括水陆两栖飞

AG600

机 AG600、大型客机 C919 和大型运输机运-20。它们各有神通，在不同领域发挥着重要的作用。

AG600（鲲龙-600）是一种大型水陆两栖飞机，于 2017 年陆上首飞、2018 年水上首飞成功。它的上半身是飞机，下半身是船，可以在陆地和水上起飞和降落，也有在低空保持低速飞行的能力。可以说是上天为龙，入海为鲲。AG600 的机身长 36.9 米，两翼长度为 38.8 米，高 12.1 米，最大起飞重量为 53.3 吨，航程超过 4000 千米，是世界上最大的一款水陆两用飞机。它一次可汲水 12 吨，可以快速、高效地扑灭森林火灾。它也有很强的海上救援能力，起降时能抵抗 2 米高的海浪，可以在复杂的气象条件下实施救援行动。

AG600 的中机身和部分机翼等部件的研制任务是由中国航空工业西安飞机工业（集团）有限责任公司承担的。西安的中国飞机强度研究所，在 AG600 的研制过程中承担了强度试验技术的研究等工作，并为其水上首飞发出了"通行证"。

C919，全称 COMAC C919，是我国自主研发、生产的干线民用飞机，于 2017 年 5 月 5 日首飞成功。机身长 38.9 米，翼展 35.8 米。"C"是中国英文名称"China"的首字母，也是中国商用飞机有限责任公司的英文缩写 COMAC 的首字母，第一个"9"寓意天长地久，"19"代表的是最大载客量为 190 座。"C"也寓意着要与民航巨头 Airbus（法国空客）和 Boeing（美国波音）形成"ABC"三足鼎立的格局。

C919 开启了我国自主研制大型客机的新篇章，填补了国产大飞机的空

白，使我国民航可以不再依赖从欧美进口中层干线客机，增强了中国航空工业在干线客机方面的设计和制造能力，也促进了中国民用航空工业和相关产业的发展。

2017 年 11 月 23 日，C919 大型客机在位于西安市阎良区的航空工业试飞中心鸣枪开飞。此次试飞是为了使试飞员初步了解飞机的飞行特性和工作特性，使飞机适应阎良机场的飞行环境，为后续的大量试飞工作做好准备。

运-20（Xian Y-20），也被亲切地称为“胖妞”，是我国设计制造的新一代大型军用运输机，2013 年 1 月 26 日首飞成功。机身长 47 米，翼展 45 米，高 15 米，最大起飞重量为 220 吨。它具有航程远、载重大、飞行速度快等优点，可以在复杂的气象条件下执行长距离运输任务。

运-20 标志着我国大飞机设计制造能力取得突破性进展，是体现我国整个航空工业水平的“争气机”，对提高我国空军战略投送能力和履行使命任务的能力具有重大的意义。

C919

除了推进我国经济和国防现代化建设，运-20 也可用于应对抢险救灾、人道主义救援等紧急情况。在 2020 年的新型冠状病毒感染的肺炎疫情期间，运-20飞机驰援武汉，也参与了运送援巴基斯坦紧急抗“疫”物资和中方专家组的任务。

运-20 执行任务

基地链接

中国飞行试验研究院

中国飞行试验研究院停机坪

中国飞行试验研究院位于西安市阎良区，是我国唯一一所能承担飞机发动机、机载设备等航空产品的国家级定型鉴定和试航试飞权威机构。它现拥有100多个专业，数十架试验机，多项大型试验设备，配有国际通用标准的全天候飞行导航保障设备，可满足各种型号飞机的起降要求。它自主研制的具有国际水平的机载测试系统，可在单架飞机上测试数千个飞机参数，其主要参数和多路视频图像可通过遥测传输到地面站进行实时监控；由精测雷达、光电经纬仪、激光雷达、全球定位系统等组成的飞机航迹测量系统，可同时对多架飞机实时精确定位。

课程链接

人教版《物理（八年级）》下册《流体压强与流速》

探究思考

1. 你还知道哪些有名的大飞机？你最喜欢哪一架？为什么？

2. 大飞机是怎么飞起来的？是什么限制了大飞机的大小呢？

□ 水下“魔鬼鱼”

·讲 述

2019 年 8 月，在西北工业大学友谊校区的游泳馆里，出现了一位“不速之客”。它身体扁平，有着类似翅膀的大大的胸鳍，背部呈黑色，腹部雪白。这些外形特征与魔鬼鱼蝠鲼完美对应，而且它在泳池里游行、俯仰、翻滚，简直就像一条真正的鱼。然而，蝠鲼是一种生活在热带、亚热带海底的软骨鱼类，海洋生物怎么会在淡水中生龙活虎地游来游去呢？原来，它不是真正的魔鬼鱼，而是西北工业大学自主变形仿生柔体潜航器项目下的以蝠鲼为原型的仿生蝠鲼潜航器。它具有推进效率高，稳定性强，自主性高，环境扰动低，噪声小，负载空间大，负载能力强，可在海底软着陆等特点。西北工业大学航海学院院长潘光在接受采访时表示，团队下一步将为仿生魔鬼鱼装上“耳朵”和“眼睛”，也就是传感设备，让它在大海里遨游时能够具备环境感知能力和地形

魔鬼鱼蝠鲼

仿生魔鬼鱼——西北工业大学研制的仿生蝠鲼潜航器

地貌观测能力，这样它就与真的蝠鲼一般无二了。

仿生鱼只是水下航行器的一种，属于新型水下机器人之一。水下航行器是一种航行于水下的航行体，包括载人水下航行器和无人水下航行器。近年来，无人水下航行器的应用越来越广泛。无人水下航行器可在水下自主运动，具有感知能力，可以通过遥控或自主方式代替或辅助人去完成某些水下任务。无人水下航行器一般分为两类，即遥控水下航行器（ROV）和自主水下航行器（AUV）。遥控水下航行器需要操作人员通过电缆或声学通信系统，传送指令进行遥控；自主水下航行器在执行任务时不需要人的监视和操控，极大程度上减少了人的参与。

遥控水下航行器的研制开始于 20 世纪 50 年代，于 80 年代发展到较高水平。1960 年，美国海军研制出了世界上第一台遥控水下航行器CURV，用于打捞丢失在水下的海军实验军械。1966 年，它在西班牙外海深处打捞起一颗氢弹。1995 年，日本的遥控水下航行器“海沟号”到达世界最深处——马里亚纳海沟，创下了 10911 米无人探测的深度记录，它所做的工作对太平洋地区地震和海洋生物研究有重要作用。但不幸的是，该航行器因电缆断裂而丢失。

自主水下航行器无人、无缆，实现了完全自主航行。因为无缆，所以它的隐蔽性更好，还具有实用性好、自治能力强、智能化水平高等特点。中国科学院沈阳自动化研究所和俄罗斯合作相继研制成 CR-01 型、CR-02 型 6000 米水

美国 CURV 遥控水下航行器

日本“海沟号”遥控水下航行器

下航行器。CR-01 和 CR-02 均采用圆柱形外形，配有照明灯、成像声呐等设备，尾部配备有 4 个主推进器，首尾各有 1 个垂向槽道推进器和侧向槽道推进器，用于太平洋洋底多金属结核的调查。CR-01 和 CR-02 达到了当时的国际先进水平。

CR-01 水下航行器

CR-02 水下航行器

·知识链接

名物疏解

仿生鱼

仿生鱼，顾名思义，是仿照鱼类研制出的机器。我们知道鱼类通过扭动身体来推动周围的水，以此获得推进力。对于涡流的精准控制，使得鱼类游动推进效率高，机动性能好。因此模拟鱼类的游动推进模式可以研制出高效、低噪声、灵活的机器仿生鱼，用以进行复杂的水下作业。根据鱼类游动时使用的不同身体部位，可以将鱼类游动模式分为身体和尾鳍推进模式、中鳍和对鳍推进模式。前者是通过拨动身体的某部分和尾鳍形成向后的推进力，大多数

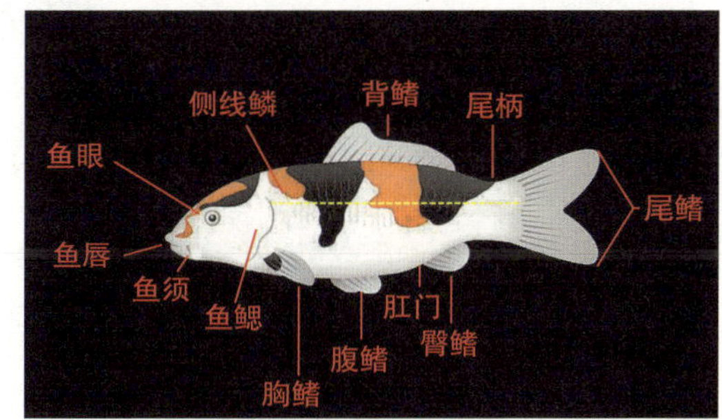

常见鱼类的身体结构

鱼类都采用这种推进方式；而后者是以背鳍、臀鳍、胸鳍和腹鳍作为主要推进部件。

工作人员对仿生鱼进行操作

仿生鱼至少应该包括控制系统、执行机构、鱼身、功能扩展模块（摄像头、传感器等）等四部分，应能执行上升、下潜、左转、右转、加速、减速、悬停等基本运动。若使用传感器进行功能扩展的话，它还可以完成测距、图像采集、自主导航、自主避障、无线通信，以及使用各类传感器进行数据采集等任务。

SPC-II 仿生鱼

近年来，陆陆续续已经有不少仿生鱼得到了应用。2004 年 8 月，我国科学家使用 SPC-II 仿生鱼对福建郑成功古战舰遗址进行了水下探测。仿生鱼对 4000 平方米水域进行了摄像考察，并将有关图像传送到水面工作人员那里。两天内，仿生鱼累计在水中工作 6 个小时。这是我国考古工作者首次利用机器人辅助进行水下考古。2015 年 5 月 22 日在西班牙北部港口城市希洪，一批仿生鱼被用来检测水环境的污染程度，并将污染信息传递给相关部门，协助他们进行环境保护与治理的决策。使用这种新型技术来进行污染检测，可以大大缩短检测周期，减少人力物力的消耗，降低成本。

仿生鱼在检测水质

各种类型的仿生鱼

知识拓展

水下航行器的各种应用

水下航行器可用于水下救援。2005 年 8 月 4 日，俄罗斯军方一艘搭载有 7 名船员的小型舰潜艇在例行训练时撞上了渔网导致搁浅，无法上升到海面，最终由英国“天蝎 45”遥控水下航行器剪断缆绳后获救。

水下航行器可用于海底打捞与搜索。战斗机 F-14 带着“不死鸟”导弹坠海后，苏美两方展开深海争夺，最终美军 NR-1 潜艇找到了这枚遗失的导弹，并将其回收。在马航 MH370 航班失事之后的残骸搜索过程中，美国的“蓝鳍金枪鱼”因为参与搜救行动而被公众所熟知。

水下航行器可用于海洋资源的勘探。海洋资源包括矿产资源、海水资源、物种资源等各种资源。1977 年，美国在 2000 米深的海底发现了冒着“浓烟”

“天蝎 45”遥控水下航行器救援俄罗斯潜艇

美国 NR-1 潜艇

“蓝鳍金枪鱼”参与搜救马航 MH370 航班残骸

海洋生物

海洋生物化石

海底热液矿

的热泉。在热泉周围的海水中，活跃着各类生物种群。深海生物基因研究是探究地球生命起源的重要组成部分。CR-01 于 1995 年和 1997 年两次赴南太平洋海域参加中国大洋协会海底资源调查任务，这使我国被联合国批准为第五个深海采矿的先驱投资者，最终拥有了对矿产资源最丰富的 7.5 万平方千米海域的优先开采权。2020 年 11 月 10 日，由我国自主研发的“大国重器”——万米级全海深载人潜水器“奋斗者号”在马里亚纳海沟最深处坐底，深度达 10909 米。

水下航行器可用于水下考古。水下考古学是考古学的一门分支学科，是陆地田野考古向水域的延伸，可用于对人类水下文化遗产的研究，对沉没于江河湖海的古代遗迹遗物进行调查、勘测和保护。1986 年，美国海洋地质学家巴拉德博士通过载人深潜器 Alvin 号找到了水下 4000 米处的泰坦尼克号残骸。该深潜器放下一个带有水下自动摄影机的遥控水下航行器，对船舱内部进行了拍摄。

水下航行器将来或可用于打击走私。这是水下航行器的新型应用，目前正在发展和测试阶段。波士顿工程公司研发的鱼形机器人 BIOSwimmer

载人深潜器 Alvin 号模型

BIOSwimmer 鱼形机器人

可以与周围的海洋生物融为一体，自带的摄像机可以近距离采集港口、码头和船只的外部图像。

除此以外，水下航行器在军事上也占据着重要地位。2003 年 3 月，美国海军在进入伊拉克的乌姆盖斯尔港时，利用 REMUS 自主水下航行器进行反水雷作业，用 6 个小时完成了人工 21 天才能完成的排雷任务，减少了战术时间消耗，并将雷区危险程度降到最低。

基地链接

西北工业大学航海学院

西北工业大学航海学院的前身是 1956 年经国务院批准建立的西北工学院第三机械系，中间经历几次改名、建制成为现在的航海学院。前文提到的仿生魔鬼鱼就是航海学院的科研成果。

西北工业大学航海学院建有“水下信息与控制”国家级重点实验室和“声学工程与检测技术”国家专业实验室，以及高速水洞、大型消声水池、水下物理场仿真、水下动力推进、声与振动控制、导航与控制仿真中心等多个大型实验室。

西北工业大学高速水洞实验室

西北工业大学舰船三场仿真实验室

课程链接

人教版《物理（八年级）》下册《物体的沉浮条件》

探究思考

1. 查阅相关资料，说一说：鱼类在水里是如何生活的？是如何呼吸，又是如何游动的？

2. 仿生鱼要想在水中游动起来，需要解决哪些技术上的难题？

□ 亚洲第一隧道的景观之旅

·讲　述

汽车在光与影的交错间行驶，头顶的蓝天和白云仿佛随着汽车的前行而流动，旁边的植物让我们好像身处丛林，草丛间还有昆虫在爬行……这些景观是那么真实！但若你仔细观察，会发现头顶随着车辆行进而流动的蓝天白云是灯光变幻形成的产物，栩栩如生的植物也是仿制品，闻不到植物的气味，也没有昆虫在植物间穿梭。这就是秦岭终南山公路隧道中，为缓解司机驾驶疲劳而设的景观带。

在我国的西部通道大动脉上，有一条亚洲第一特长公路隧道，就是秦岭终南山公路隧道。它的南北端点分别是小峪口和青岔村，小峪口位于陕西商洛柞水县营盘镇，青岔村位于陕西西安长安区五台街道。它全长 18.02 千米，其长度在山体隧道中排名世界第二、亚洲第一，是中国公路隧道建设史上的里程碑。秦岭终南山公路隧道建成后，人们开车只需 15 分钟就可以从西安到达商

秦岭终南山公路隧道中的灯光带

秦岭终南山公路隧道口

洛，大大缩短了穿越秦岭的时间，方便了群众出行，节约了运输成本。作为交通枢纽，它联通了长江、黄河两大经济圈，对于陕西省及其周边省市的经济发展，以及西部大开发战略的推进，都有很大的促进作用。

因为隧道修建在地下、水下或山体中，所以在防灾、监控、通风、排水预防、维护等方面的技术应用上都面临着挑战。除了隧道主体外，隧道内还有照明系统、通风系统、供电系统、监控系统、通信系统、消防系统等。而且，特长隧道的封闭性过强，需要更加全面的安全保障。通风方式是隧道建设中非常关键的技术。秦岭终南山公路隧道采用的是可靠、实用的纵向通风方式，其内设置了三座通风竖井来进行通风。值得一提的是，竖井的最大井深为 661 米，最大直径达 11.5 米，每个竖井下方还设置了大型风机厂房。这样的通风方式在国内属于首次应用，在世界上也处于先进地位。

再回到我们开篇提到的景观带。交通，是由人、车、路、环境综合交织构成的复杂系统。其中，人是交通的主体，所以人的安全感、舒适感一定要充分考虑。在秦岭终南山公路隧道中，安装了三排颜色各异的灯来提供照明——隧道顶部安装的是功率较大的主照明灯，侧壁的中间位置安装的是兼具照明与引导功能的灯，侧壁的下端安装的是起引导作用的小灯。虽然有非常充足的照明灯光，但是隧道全段过长，司机还是很容易产生视觉疲劳。为了保证隧道内的行车安全，隧道里每隔 5000 米左右就设置一条灯光景观带。灯光的变化和仿真植物等的刺激，可缓解司机在特长隧道内因周围景物过于单一而产生的疲劳感。灯光景观带的设计，是亚洲公路隧道的一大创新。

秦岭终南山公路隧道监控大厅

通风竖井

知识链接

知识拓展

秦岭终南山公路隧道工程的特点

首先，秦岭终南山公路隧道的长度、规模在中国是第一次。当时，设计和施工人员手头的资料很少，也缺少经验。对此，工程组及时成立了专家委员会，召开了多次科研工作会进行技术上的交流、咨询，还多次进行实地考察来解决所遇到的各种问题。

其次，秦岭终南山公路隧道是在西康铁路秦岭隧道的基础上进行建设的，利用了很多已有相关资料，从而节约了大量资金和人力，缩短了建设工期，降低了各种风险。

再次，秦岭终南山公路隧道的综合选线十分科学。我们都知道，秦岭山区的地形、地势复杂，而且山地多，人烟少。这里有各种硬岩和软岩，而且交替存在，施工时容易引起岩爆、山体变形、涌水、高地温等状况。于是，工程组采用了各种先进手段进行测量，逐步查明了秦岭山区的地质情况，拟定了多种线路方案，最终选定以石砭峪垭口作为主隧道的越岭通道。这个选择综合了地质条件、走向、长短、对自然环境的影响程度等各方面的因素。综合选线是秦岭终南山公路隧道能够取得国家科技进步一等奖的一个重要原因。

延伸阅读

港珠澳大桥中的陕西力量

2018 年 10 月，联结香港、珠海和澳门的跨海大桥隧道项目——港珠澳大桥正式通车的消息在社交媒体上迅速传播。它的落成，大大方便了当地人的出行。

俯瞰港珠澳大桥

港珠澳大桥于2009年12月15日开工建设，2018年10月24日通车，是一座用时9年建成的恢宏建筑。港珠澳大桥是世界上里程最长、沉管隧道最长、寿命最长、钢结构最大、施工难度最大、技术含量最高、科学专利和投资金额最多的跨海大桥，连获三项国际工程大奖，并荣获2018—2019年度“中国建设工程鲁班奖”。

“长大人”在港珠澳大桥

港珠澳大桥的建成，凝聚了全国各地的力量，其中也有陕西力量。以道桥专业为主的长安大学，有6个科研团队参与到大桥的技术攻关中。一个个来自陕西的身影汇聚成一股陕西力量，注入大桥的建设当中。

苏权科接受中央电视台采访

在这些陕西力量中，就有港珠澳大桥管理局总工程师苏权科，他毕业于西安公路学院（长安大学前身）。苏权科在2004年参与大桥建设前期工作时便说：“我们从一开始就定下了一个标准：一定要建一个在世界上拿得出手的桥，世界一流的桥，一个为中国人争气的桥。”他们做到了！这座用时9年的恢宏大桥值得我们骄傲！

基地链接

西部公路交通人才的摇篮——长安大学

2000年，长安大学由原西安公路交通大学、西安工程学院、西北建筑工

程学院合并组建而成。长安大学里有很多值得参观的地方，如汽车试验场、风洞实验室、长安大学交通馆、长安大学建筑馆等。

长安大学汽车试验场

长安大学是全国高校中唯一一座拥有综合汽车性能试验基地的大学。长安大学的汽车试验场位于长安大学渭水校区，场内有直线行车车道、高速环线、试验广场、几种典型试验路及几种低附着系数组合路面。

长安大学交通馆位于长安大学渭水校区，是一座集交通科技、信息、历史、文化、技术于一体的博物馆。馆内一、二、三层分别为公路展厅、车辆展厅、智能交通与筑路机械展厅。这里还有很多有意思的展品，如南京长江大桥模型、盾构机模型、珍藏轿车、古诺蒸汽车模型、英国皇家马车模型、吊装汽车模型等。

课程链接

人教版高中《物理（选修 2-2）》中的《常见承重结构》

探究思考

1. 隧道为什么都是圆形的？

2. 秦岭是一个资源宝库，生物资源、水资源、矿产资源等十分丰富。秦岭终南山公路隧道工程组在几个隧道方案中，综合多方面因素，最终选择了对环境影响较小的一个。想一想：他们为什么会做出这样的选择？

新技术领域

□ 5G 望长安，一眼阅千年

·讲 述

2019 年 4 月 30 日，在西安这个充满历史文化气息的十三朝古都，许多人都在大唐芙蓉园内的电信营业厅里焦急地等待着。随着一通电话的拨出，人们的心提了起来，仿佛空气都凝固了，电话铃声显得格外刺耳。“我看见你了，非常清楚！”短短的一句话让所有人松了一口气。在营业厅的大屏幕上出现了位于大唐芙蓉园内的客户代表的画面，通话声音十分清楚，视频画面也流畅清晰。陕西省首个 5G 电话的成功打通，标志着陕西正式步入 5G 时代。

2019 年 4 月 30 日，陕西首个 5G 电话成功打通

5G 具有超大带宽、超低时延、海量连接的优点。相比于

5G+远程驾驶

4G，5G的优势显而易见，各项性能都有了近百倍的提升。比如原来下载一部超高清电影需要一个多小时，在5G时代不到一分钟即可完成。可能有人会问：速度上去了，那链接数目会不会有所下降？恰恰相反，从目前的数据看，4G每平方千米可链接载体1万个，而5G网络的链接上限为100万个。在传输速度方面，如果说1G是步行，2G是自行车，3G是汽车，4G是火车，那5G的提升绝不是火车到高铁的提速，而是到飞机的跨越。

5G已经在移动通信上初露锋芒，但它的应用潜力远不止于此。5G的兴起，必将引起工业和科技领域的巨大变革。许多原本只是在理论上存在的高新技术将真正走入人们的生活。那么，5G时代的生活到底会是怎样的呢？

如果你是一位外地游客，那么，西安的兵马俑、陕西历史博物馆、大雁塔、明城墙等文化名胜一定会让你流连忘返。但是，越是好的景点意味着参观的人越多，尤其是在旅游旺季，人挤人的情形无疑让参观体验大打折扣。而在5G时代，5G+虚拟现实技术（VR）可以让我们随时随地身临其境地品味这些古迹。只需要戴上VR眼镜，打开5G网络，你想要看到的博物馆或文物就会立刻出现在眼前。除此之外，5G更大的带宽能支撑高清画面的传输，也使视频直播更加逼真，给使用者带来更好的沉浸式体验。这样，我们就算坐在家里也能如在现场一般观看体育赛事或欣赏音乐会。

知识链接

名物疏解

5G

5G 是第五代移动通信技术的简称，它是在 2G、3G 和 4G 基础上的技术延伸，具有效率高、稳定性强、传输速度快等优点。5G 解决了一些 4G 无法解决的问题，将一些想法变成了现实，从根本上改变了人们的生活方式，实现了日常生活的信息化和智能化。所以，5G 不仅是高效的数据传输技术，更将是未来智能化社会发展的基础和关键技术。

新一代 5G 技术

5G 的发展也是基于人们对移动数据日益增长的需求。随着移动互联网的发展，越来越多的设备接入移动网络中，新的服务和应用层出不穷。移动数据流量的暴涨将给网络带来严峻的挑战。为了满足日益增长的移动流量需求，亟须发展新一代 5G 移动通信网络。

5G 技术与人类生活

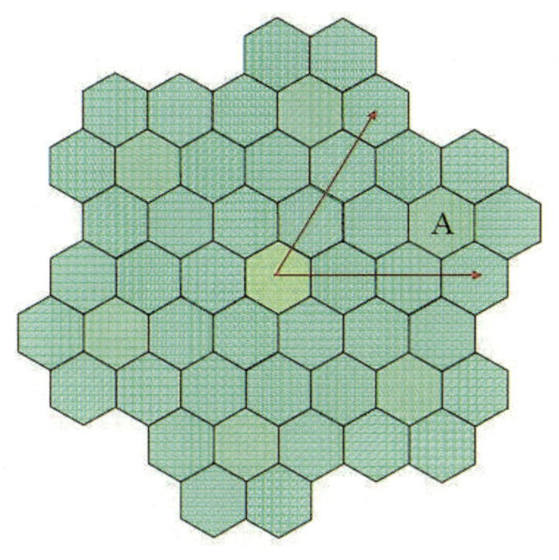

蜂窝移动通信方式示意图

提到通信网络，就不得不说蜂窝网络。蜂窝网络是一种移动通信硬件架构。它把移动电话的服务区分为一个个正六边形的小子区，每个小子区设一个基站，形成形状酷似“蜂窝”的结构。因此，人们把这种移动通信方式称为蜂窝移动通信方式。与早期的 2G、3G 和 4G 移动网络一样，5G 网络也是数字蜂窝网络。

几代移动通信网络虽然都属于蜂窝网络，但是还是有明显区别的。简单来说，1G 是语音时代，2G 是文本时代，3G 是图片时代，4G 是视频时代，5G 是万物互联时代。1G 到 4G 都只着眼于人与人更方便、更快捷地通信，而 5G 将实现随时随地的万物互联，人类可通过直播的方式与地球上的万物实时共享生活。

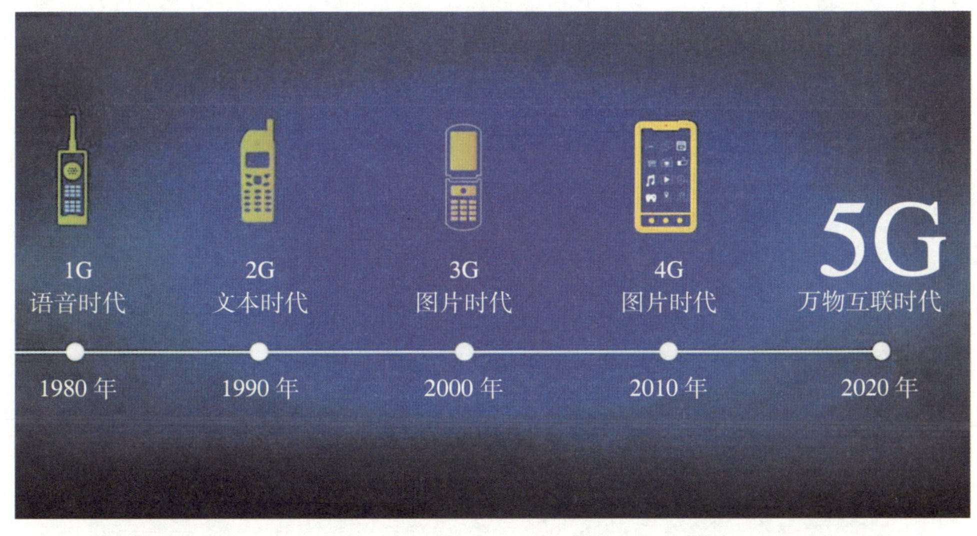

1G 到 5G 的应用改变

知识拓展

5G 看陕西

在5G高速发展的今天,陕西也不甘落后。陕西移动自2018年开通全省首家5G示范网络以来,截至目前已实现全省所有地市和西咸新区的5G示范覆盖,已经与省市政府、陕西广播电视台、西安电子科技大学、长安大学、曲江文旅集团、华山风景区等单位,在5G+AI(人工智能)、智慧物流、融媒体、智慧旅游、智能制造等方面的应用展开了密切合作。

陕西移动于2019年正式启动了5G预商用网络建设和运营工作,在全省首家完成5G网络总体规划,开通首家5G示范区,首家实现5G区域覆盖,截至目前已累计建成60多个5G示范区。

2019年1月19日,西安交通大学以中国西部科技创新港为平台,建成了中国高校首个"智慧学镇5G校园",实现了智慧教育、智慧安全等十大功能。

2019年6月8日,西安入选首批5G城市名单。

2019年8月2日,陕西移动与西安儿童医院签署"5G智慧医院战略合作"协议,建成后将全面实现远程示教、急救、探视等多项应用,并采用陕西移动5G+8KVR高清视频连线,实现远程门诊指导。

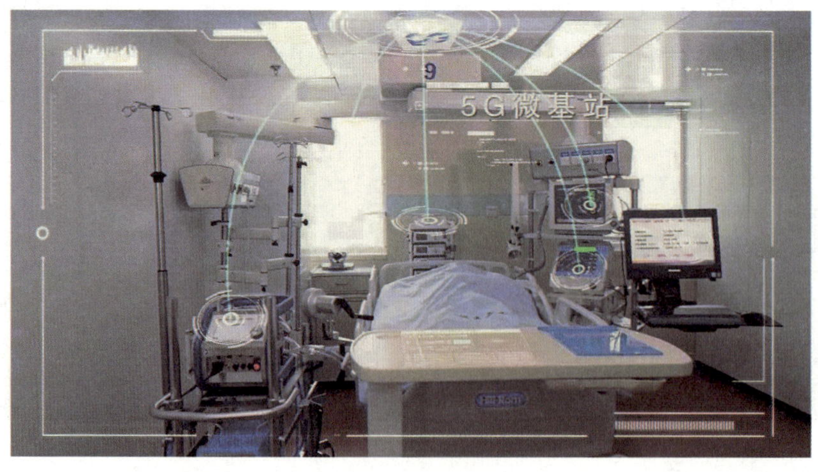

5G在医疗上的应用

2019 年 9 月 4 日，陕西电信公布西安 5G 基站建设计划，全市各大商圈及景区的 5G 基站已搭建完成，钟楼商圈、小寨商圈、高新商圈等多个区域已实现 5G 网络覆盖。

2019 年 9 月 4 日，中国铁路西安局集团有限公司投用了“5G+AI 铁路智慧机务系统”。这是全球范围内首次在铁路机车上应用 5G 技术。

2019 年 11 月 17 日，陕西中国移动通信信号塔 5G 建设施工新闻发布会召开。

2019 年 12 月 10 日，陕西首条 5G 智慧公交线路正式开通，首批十余辆装载有 5G通信设备的 828 路公交车投入使用，标志着陕西智慧城市建设迈入了新阶段。

中国铁路西安局集团有限公司“5G+AI 铁路智慧机务系统”正式投用

陕西首条 5G 智慧公交线路正式开通

基地链接

西安中兴通讯终端科技有限公司

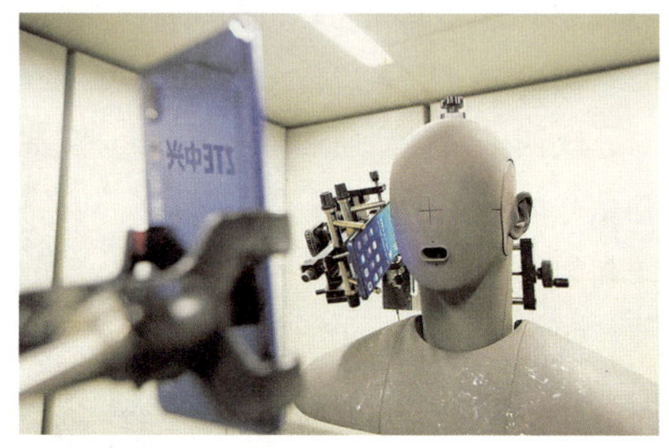
中兴 5G 手机正在接受噪音测试

中兴通讯股份有限公司是全球领先的综合通信解决方案提供商，为全球 160 多个国家和地区的电信运营商和企业客户提供创新技术与产品解决方案。2015 年，西安中兴通讯终端科技有限公司正式投产，主要从事手机、无线通讯系统及部件、下一代通讯系统预研等研究与开发，以及软件产品的生产，特别是 5G 终端和数码产品。

在研发中心工程师的带领下，观众在这里可参观和了解高新技术企业研发工作的流程和主要成果，尤其是中兴 5G 手机的生产流程。

课程连接

人教版《物理（九年级）》中的《越来越宽的信息》

探究思考

1. 国家为什么大力发展 5G 技术？

2. 你认为 5G 技术还有什么好的应用？

□ 改变世界的 3R 技术

·讲　述

大家都有过参观博物馆的经历，那么你会不会在看完之后还意犹未尽？会不会想更进一步了解文物背后的故事？会不会想回到过去，与文物进行一次亲密接触？如果你的回答是“是”，那么就跟随我走进智慧博物馆吧。

设想一下，当我们参观博物馆时，展示在我们面前的不再是一个个静止的文物，而是一个充满生命力的世界。在这个新世界里，橱窗里的文物出现在生活中，路上的行人穿着千百年前属于他们的流行服饰，你可以感受到千百年前的生活气息，甚至可以与古人交谈……虽然这是我们想象中的博物馆，但它现在已经变成现实，它就是近年发展起来的智慧博物馆。

在智慧博物馆里，你可以通过手机或平板电脑下载的博物馆专用 App（应

平板电脑 App 扫码获取相关文物信息

手机 App 扫码获取相关文物信息

用软件)，进行沉浸式游览，还可以参加博物知识趣味游戏、预订票务和活动席位等。当你对某一个展品感兴趣时，你甚至可以与它对话。通过手机关注博物馆的微信公众号，你会及时接收到博物馆推送的相关信息。在参观的过程中，相应的设备会提供参观导览、语音讲解、展品三维互动观摩、知识百科等与博物馆内容相关的多媒体（图片、文字、视频等）展示，让你有一种穿越时空的感觉。

那么，为什么智慧博物馆可以如此神奇呢？答案就藏在智慧博物馆的“3R技术”中。智慧博物馆采用360度VR技术（虚拟现实技术），可以使观众沉浸于所处的环境中。观众戴上VR眼镜，即可体验到穿越到古代的感觉，可以身临其境般地感受当时的文化风俗。除此之外，智慧博物馆还把一些AR技术（增强现实技术）应用在多媒体展示平台上，实现技术的新突破。互动投影系统作为一种新型的多媒体展示技术，通过采用先进的计算机视觉技术和投影显示技术使观众产生真实的体验感。最特别的是，在互动投影系统中，观众不需要通过其他介质，就可以直接使用脚或手与投影区域里的虚拟场景进行交流互动。

·知识链接

名物疏解

3R

3R指AR、VR和MR。

AR（Augmented Reality），即增强现实技术。AR，简单地说，就是通过计算机信息增加用户对现实世界感知的技术。将虚拟的信息应用到真实世界，并将计算机生成的虚拟物体、场景信息叠加到真实场景中，从而实现对现实的增强。在视觉化的增强现实中，真实世界与电脑图形被多重合成在一起，用户通过头盔显示器，便可看到围绕着虚拟图像的现实世界。

AR 应用

VR（Virtual Reality），即虚拟现实技术，也称灵境技术。VR 是利用设备模拟产生一个三维空间下的虚拟世界，提供用户关于视觉、听觉等感官上的模拟，可令用户产生十足的沉浸感和临场感。虚拟现实是多媒体技术的终极应用形式，它包括了计算机软硬件技术、传感技术、机器人技术、人工智能、行为心理学等科学技术。

VR 应用

简单地说，就是你戴上立体眼镜、数据手套等特制的传感设备，眼前会出现一个三维的模拟现实，就像置身于一个完全真实的环境中。它可满足你在视觉、听觉、嗅觉、触觉等感官上的所有体验和感受，还可以与你交流互动。

MR（Mixed Reality），即混合现实技术，是包括了增强现实和虚拟现实的一种技术。MR 是 AR 的进一步发展。该技术通过在虚拟环境中引入现实场景信息，在虚拟世界、现实世界和用户之间建立起一个新的空间，以增强用户体验的真实感。

MR 应用

知识拓展

智慧博物馆

随着近年来实体博物馆和数字博物馆的不断更新发展，智慧博物馆应运而生。智慧博物馆是基于一个或多个实体博物馆（博物馆群），甚至是在文物尺度、建筑尺度、遗址尺度、城市尺度等不同尺度范围内，搭建的一个完整的博物馆智能生态系统。

在传统的实体博物馆中，通常以游客观赏文物为导向，而智慧博物馆则结合了实体博物馆和数字博物馆，既可以实现人与人之间的信息传递，还可以使人与物、物与物之间进行双向交流。智慧博物馆同时结合云计算和大数据分析技术应用，进一步实现了对物的智能化控制。可以说，智慧博物馆是以数字博物馆和实体博物馆为基础，充分利用大数据、云计算和物联网等新技术构建的一种新型博物馆形态。

2017 年 10 月 10 日，“发现·养心殿——主题数字体验展”在故宫端门数字馆全新亮相。“发现·养心殿”通过大型高沉浸式投影屏幕、虚拟现实头盔、体感捕捉设备、可触摸屏等，使观众走进虚拟世界的养心殿里，全方位鉴赏珍贵文物，并运用 AI（人工智能）、VR、语音图像识别技术等多种先进技术，使观众与清朝大臣自由对话。

智慧博物馆开启参观新形态

使用 AR 技术全方位鉴赏文物

基地链接

陕西数字博物馆

陕西数字博物馆是陕西省政府推出的一项文化惠民工程。它集合了全省的文物资源，使人们足不出户就可以领略三秦大地的古风今韵。自 2012 年 8 月上线运行以来，陕西数字博物馆目前共开设“数字藏品”“网上展馆”“网络教育”“业务研究”“关于我们”“政府数据”六个主体板块，并在“网上展馆”下设立了“基本陈列展示”“临时展览展示”“数字专题展”“VR 全景视频展示”等多个子栏目。点击“基本陈列展示”，观众可以选择包括陕西历史博物馆、西安碑林博物馆等在内的全省 140 多家博物馆进行参观。观众可通过虚拟三维技术观看博物馆展览实景，并跟随箭头指引游览，犹如漫步在博物馆中。

陕西数字博物馆网上展馆（手机版）

2014 年，又推出了数字博物馆口袋版。通过把博物馆的布局图印到口袋书上，并且给展厅进行编码，游客只须扫口袋书中的编码，即可获得展厅内部各个文物的介绍和讲解。这一新技术的引入，把传统纸质媒介与现代网络媒介相结合，实现了“把历史装进口袋”的目的。

随着 AR 技术的广泛应用，陕西智慧博物馆也逐渐发展起来。2016 年，陕西省在陕西历史博物馆地下建成面积约 200 平方米的陕西数字博物馆实体体验馆，这就是前文所说的智慧博物馆。这个实体体验馆由 12 块 55 英寸大屏幕和 5 块 60 英寸弧形屏幕组成。在大屏幕上展出的是从陕西省内 140 多家博物馆收藏的 700 多万件文物中精选出的 1000 多件精品文物。在这个体验馆里，

陕西历史博物馆网上数字展厅

通过触摸屏幕，观众可以近距离观看文物，还可以仔细研究文物的内部结构，这可是在实体博物馆里无法做到的。在大屏幕上，观众还可以看到陕西的古寺庙、古墓葬、古长城等一些不可移动的文物。这里最大的亮点要数通过弧形屏幕结合 VR 技术展示的文物三维立体模型，观众还可用手机扫描屏幕上的二维码来控制屏幕，想看哪里就指向哪里。

探究思考

1. 你身边有哪些应用 3R 技术的东西？说一说：它们对你的生活有怎样的改变？

2. 想一想：出神入化的 3R 技术还可以应用在哪些方面？

□ 巧夺天工的 3D 打印技术

·讲　述

2014 年 10 月 13 日，纽约长老会医院的埃米尔·巴查博士医生讲述了他使用 3D 心脏打印技术救活一名两周大婴儿的故事。这名婴儿患有先天性心脏缺陷，这种疾病会在心脏内部制造“大量的洞”。过去，对这类疾病进行手术治疗需要先停掉心脏，然后将其打开并进行观察，再在很短的时间内决定接下来该如何治疗。但有了 3D 打印技术之后，巴查医生就可以在手术之前制作出这名小婴儿的心脏模型，在对其进行详细研究后再实施手术——原来需要进行 3~4 次手术才能治好的病，现在一次就可以治好了。手术后，这名原本被认为寿命有限的小婴儿终于可以过上正常的生活了。

2017 年 7 月，瑞士联邦理工学院的博士生尼古拉斯·科尔斯领导的团队，运用 3D 打印技术制造出了世界上第一个软体人工心脏。

这巧夺天工的 3D 打印技术，究竟是怎么回事呢？

想一想我们日常生活中使用的普通打印机，它可以打印平面的图文。而所谓的 3D 打印机，在工作原理上与普通打印机基本是相同的，只是所用的打印材料不同罢了。普通打印机的打印材料通常是墨和纸张，而 3D 打印机内则装有金属、陶瓷、塑料、沙等打印材料，它们可都是实实在在的原材料。3D 打印机与电脑连接后，通过电脑控制可

3D 打印心脏

3D 打印实物

以把打印材料一层层叠加起来，最终把计算机上的蓝图变成实物。通俗地说，3D 打印机是可以打印出真实物体的一种设备，比如打印一个机器人、一辆玩具车，甚至是食物等。

说回 3D 打印心脏，3D 打印在医学领域的应用可不止于此，还有 3D 打印肝脏模型、3D 打印头盖骨、3D 打印脊椎、3D 打印手掌、3D 打印制药、3D

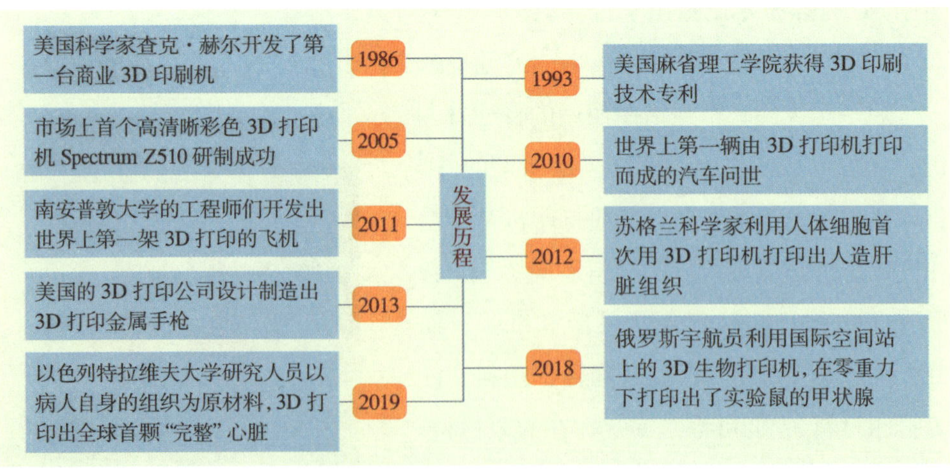

3D 打印技术发展史

打印胸腔等，甚至还出现了 3D 血管打印机！

3D 打印在我国的发展非常迅速。从 2016 年开始，我国在 3D 打印技术的专利数量上已经位居世界第二，在 2017 年发展到世界第一。我们相信，未来的 3D 打印技术一定会越来越完善，为我们的生活带来更多便利！

各式各样的 3D 打印机

专为儿童设计的 3D 打印笔

·知识链接

知识拓展

3D 打印流程

3D 打印流程分为设计阶段和打印阶段。设计阶段需要我们在电脑上进行

3D 打印流程图

三维建模，即构建物体的三维模型。在打印阶段，3D 打印机会对我们构建的三维模型做逐层分切的分析，然后将这些极薄的截面逐层打印出来，同时各层之间会以某种方式粘合起来，从而制造出一个完整的实体。由于物体是经一层层打印积累而来的，所以 3D 打印技术又被称为增材制造。

延伸阅读

3D 打印技术的应用

3D 打印除了在医学领域大放异彩外，在其他领域的应用也令人惊叹不已。

2014 年 11 月 10 日，全世界首款 3D 打印的笔记本电脑开始预售。这款笔记本电脑名为 Pi-Top，在 2015 年 5 月正式推出。

2015 年 7 月 17 日上午，由 3D 打印的模块新材料别墅现身西安，建造方只用了 3 个小时便完成了别墅的搭建。据建造方介绍，这座 3 个小时建成的精装别墅，只要摆上家具就能拎包入住。

3D 打印电脑 Pi-Top

2014 年 8 月 31 日，美国宇航局的工程师们完成了 3D 打印火箭喷射器的测试。

3D 打印建筑

2016 年 4 月 19 日，中国科学院重庆绿色智能技术研究院 3D 打印技术研究中心对外宣布，经过该院和中国科学院空间应用中心两年多的努力，国内首台空间在轨 3D 打印机研制成功。

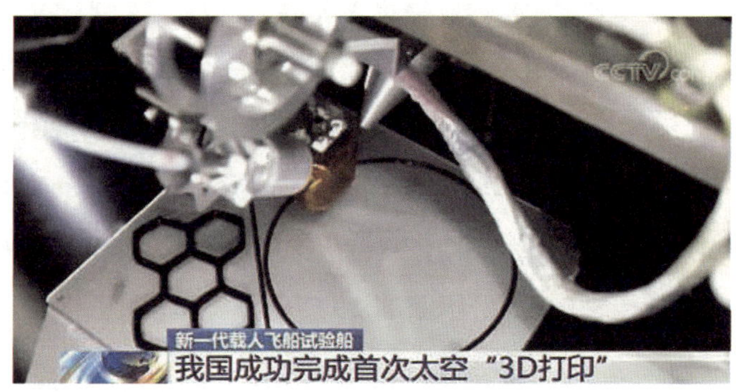

2020 年，我国成功完成首次太空“3D 打印”

2020 年 5 月 5 日，我国载人空间站工程研制的长征五号 B 运载火箭，成功将搭载的新一代载人飞船试验船送入预定轨道。在此次新一代载人飞船上还搭载了一件完全由我国科研团队自主研发的新型装备——“连续纤维增强复合材料太空 3D 打印装备”。这是我国首次太空 3D 打印实验，也是国际上第一次在太空中开展连续纤维复合材料的 3D 打印实验。这台具有里程碑意义的装备由西安交通大学科研团队与航天科技五院 529 厂共同研制而成。

基地链接

西安交通大学

西安交通大学自 1993 年开始增材制造的研究工作，是我国最早开展增材制造专业研究的高校之一。经过二十多年的努力，西安交通大学在聚合物、金属、陶瓷、复合材料、智能材料等领域的增材制造方面取得了长足的发展。该校还开设了我国首个 3D 打印特色本科生专业——机械工程专业 3D 打印国际菁英班，培养了一批在机械工程和增材制造相关领域从事产品开发、技术研发、科学研究、生产组织和管理等方面的工作，具有行业领军人才潜质的高层次人才。

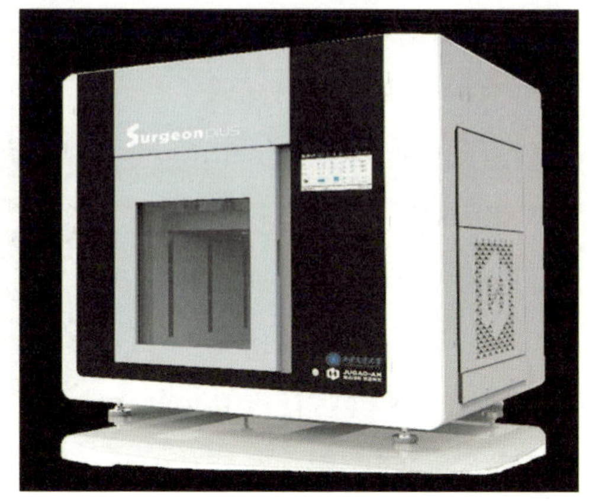

西安交通大学自主研发的高性能聚醚醚酮增材制造设备 Surgeon

西安交通大学机械学院的聚高团队在 2018 年 3 月举办的国际索尔维杯增材制造大赛上，使用自主研发的高性能聚醚醚酮增材制造设备 Surgeon 完成了大赛指定的所有零件制作，获得了大赛评委的高度赞誉，最终从来自全球 3 个大洲的 13 个国家的 30 多个参赛队伍中脱颖而出，获得全球亚军。

探究思考

1.3D 打印技术与普通 2D 打印技术的区别是什么?

2. 除了文中提到的医学、建筑、航空航天领域，你还知道哪些领域应用了 3D 打印技术?

生物科技领域

□ 科技战“疫”之新冠病毒阻击记

·讲　述

提起 2020 年的重大事件，人们一定会想起新型冠状病毒肺炎（简称新冠肺炎）的爆发。截至 2020 年 6 月 13 日，我国因新冠肺炎累计死亡 4645 例，累计治愈 79903 例，成功地阻止了新型冠状病毒在我国的大肆传播。

人类有着优越的临战反应。随着新的病毒的发现，人们迅速地行动起来。

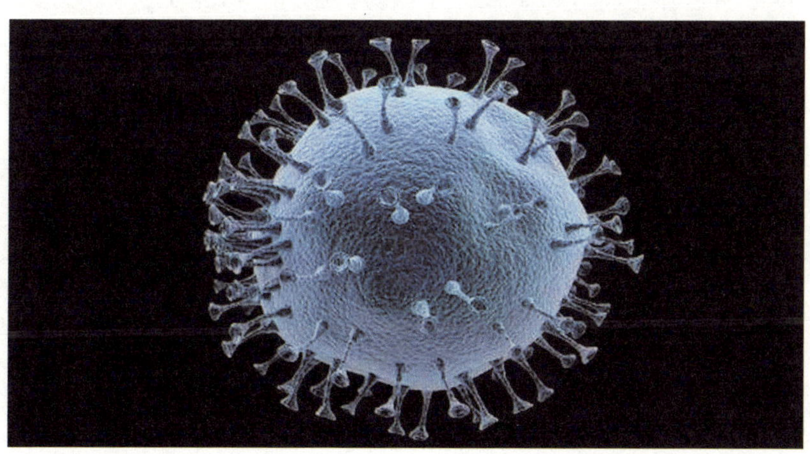

新型冠状病毒

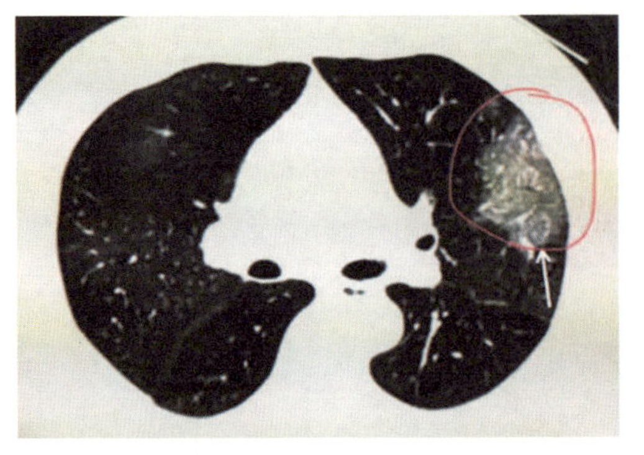
新冠肺炎患者肺部 CT 显示磨玻璃影

医护人员是这场战“疫”的一线战士，他们纷纷响应，争上前线。在装备不全的情况下，自制防护面罩；为了分辨 24 小时身着战甲的同事，在防护服上纷纷签下姓名。他们争分夺秒地拯救病患的生命，不顾传染的威胁，排查隐藏在人群中的新型冠状病毒携带者。科研工作者是这场战“疫”的军师，他们深入剖析了病毒。他们解释了病毒的传播方式，给出了阻止病毒传播的方案；研发了检测病毒的方法，找出了人群中的新冠肺炎患者；解析了病毒的结构，找到了抑制病毒的有效药物。广大群众是这场战“疫”的后盾，各行各业的人们纷纷行动起来。为了让前线人员的安全有保障，多批医用口罩、防护服、护目镜等纷纷被送到前线；为了让前线人员得到良好的照顾，大批蔬菜、水果、牛奶源源不断地被送到前方；为了不让病毒有机可乘，全国民众积极响应，在家隔离数月……2020 年 3 月 18 日，我国首次出现了境内新冠肺炎患者零增长，疫情开始出现好转。

毋庸置疑，科学技术是本次抗“疫”的利器。在陕西，刘华强团队研制出隔离式电子听诊器，将耳机直接穿戴在防护服外，减少了医护人员感染的风险；黄庆生团队研制出新冠肺炎即时检测试剂盒，采集一滴血即可在 15 分钟

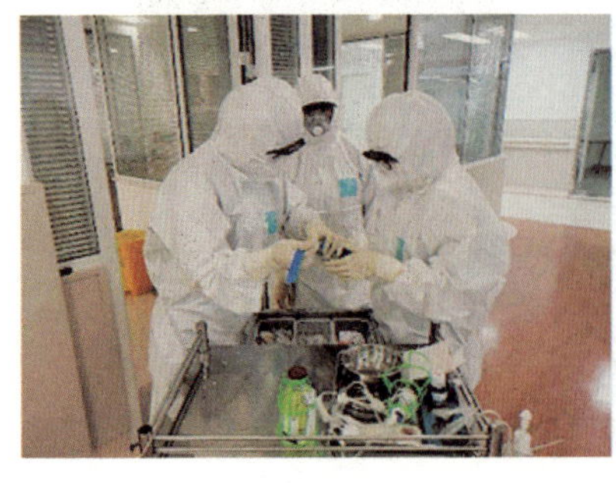
医护人员在抗“疫”前线

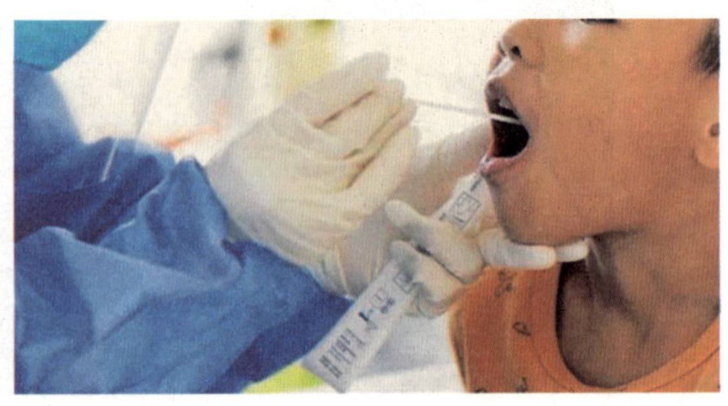
咽拭子的采集

陕西医疗队赴武汉抗“疫”

内获得检测结果，这种方式为大量疑似病例的筛查提供了可能；邓旭东团队研发出季铵盐类消毒剂，其病毒杀灭率可达到99.9%，可以广泛应用于物体表面消毒（含地面消毒）和空气消毒；刘闯团队推出了无接触式人脸识别与实时测温模块相结合的产品及相应管理系统，既可记录与设置相应人员的进出，又可实时监测进出人员的体温变化情况；马文科、安玉玺、汪志康等组成的团队研发出自主移动消毒杀菌机器人，能够进行无死角、无接触式消毒工作，而且工作效率是人工消毒的10倍；西安交通大学第一附属医院参与了针对2019新型冠状病毒的多个靶标蛋白，对8506种上市或者正在进行临床试验的药物进行超大规模计算机辅助药物筛选的工作，目前已取得第一阶段成果。

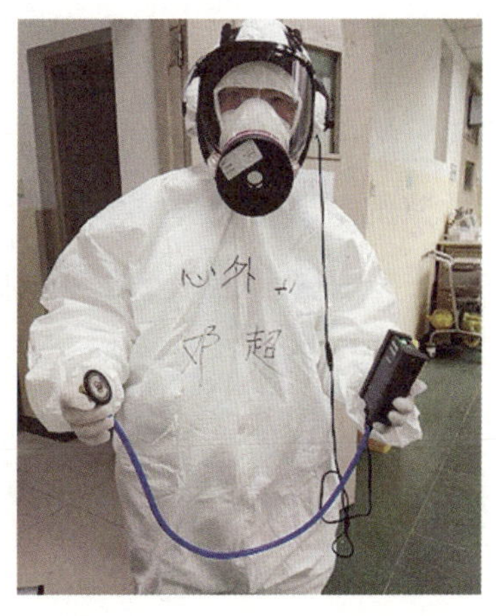

邓超医生使用隔离式电子听诊器

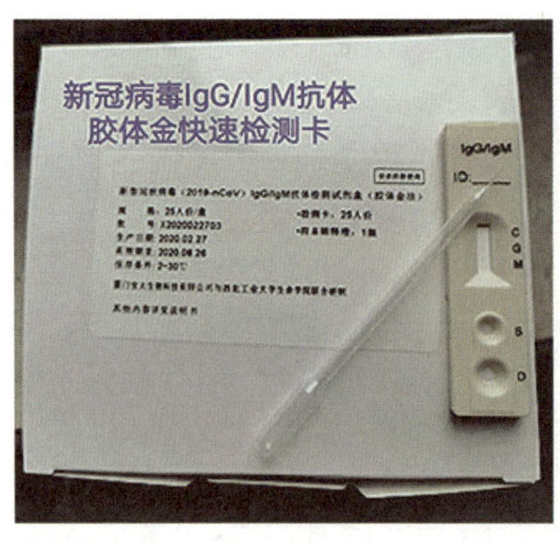

新冠病毒 IgG/IgM 抗体胶体金快速检测卡

自主移动消毒杀菌机器人

·知识链接

知识拓展

抗体检测之胶体金法

抗体是指机体内用于鉴别与中和外来物质如细菌、病毒等的一种蛋白质，我们可以将它看成“反入侵部队”。当外来物质侵入机体时，机体就会发出“入侵”信号，开启相应的防御系统。当防御系统识别出外来物质时，免疫系统中的浆细胞就会分泌抗体，抗体与外来物质相结合，即“抓住外来物质”，继而被另外一种细胞——吞噬细胞所吞噬并在机体内被消灭。

胶体金是一种独特的材料，当其聚集时，就会产生肉眼可见的红色。当人的“反入侵部队”（特异性抗体 IgG、IgM）进入其他动物体时，特异性抗体 IgG、IgM 就转换了身份，变成了“入侵者”，相应动物体就会产生抗人特异性抗体 IgG、IgM 抗体，我们可以将其简称为抗抗体。比如我们将人的特异性抗体 IgG、IgM 注射到羊体内，羊的身体中就会产生抗抗体。抗抗体可以与特异

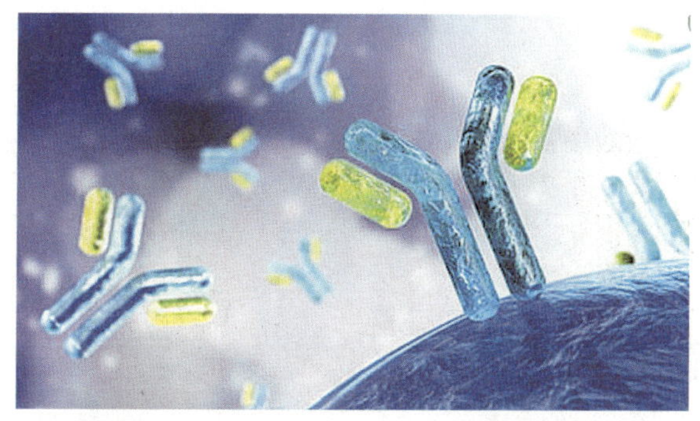
抗体示意图

性抗体 IgG、IgM 特异性结合。研究人员一方面将胶体金与一种抗抗体连接，另一方面将第二种抗抗体固定在一条线（测试线）处。当血液中含有防御新型冠状病毒的“反入侵部队”——抗体时，抗体便会与携带胶体金的抗抗体“接头”，并随着血液涌动至测试线时，胶体金-抗抗体-待测抗体偶联物便会通过待测抗体与第二种抗抗体结合，从而固定在测试线处，形成一条红色的线。这就是使用胶体金法快速检测新型冠状病毒的奥秘。

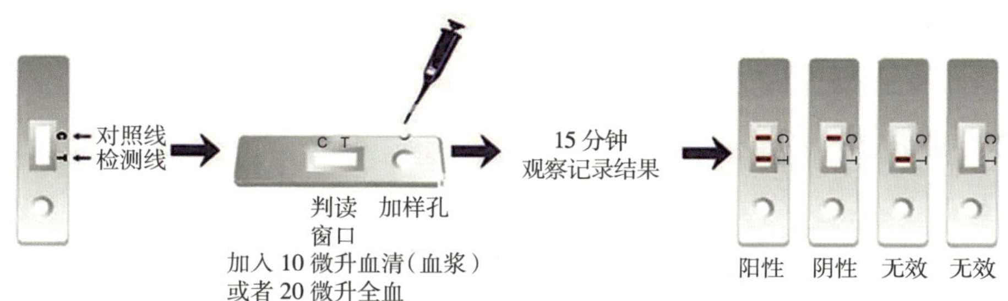

胶体金法快速检测新型冠状病毒 IgG/IgM 抗体过程示意图

基地链接

西安交通大学医学部

西安交通大学医学部（原西安医科大学）前身是国立北京医学专门学校，成立于 1912 年 10 月 26 日，这是我国建立的第一所国立西医学校。1928 年 11 月，更名为国立北平大学医学院。1937 年抗日战争全面爆发后，师生西迁陕西组建国立西安临时大学医学院，坚持医学教育 8 年多。抗战结束后扎根大西

西安交通大学医学部

北，后几经易名，1950 年改称西北医学院，1956 年改称西安医学院，1985 年更名为西安医科大学，成为原卫生部直属重点院校。2000 年 4 月，西安医科大学与西安交通大学、陕西财经学院三校合并，更名为西安交通大学医学院。2012 年 6 月，根据教育部关于医学教育改革文件精神，组建西安交通大学医学部。医学部直属的两所临床综合医院和一所口腔医院，均为集医疗、教学、科研、预防、保健和康复六大功能为一体的全国首批三级甲等医院。三所医院为医药学各个专业学生的实践教学提供了优质的临床实习和见习条件。其中，西安交通大学第一附属医院和第二附属医院均是 2020 年陕西新型冠状病毒感染的肺炎定点医院。

事件回放

隔离式电子听诊器的故事

2020 年 1 月，年关将至，整个世界热闹了起来——采购、返乡、团圆，处处充满着迎新年的热闹气氛。然而，突如其来的新冠肺炎为这喧嚣按下了暂停键。面对来势汹汹的病毒，人们迅速反应过来，不气馁，不放弃，积极投入抗“疫”工作中。在抗击疫情的过程中，医护人员贡献了极大的力量。然而，某些现有的医护设施并不能为他们提供便利。西安交通大学第一附属医院重症医学科的刘昱医生，发现目前使用的听诊器在防护服上不能使用，极大地影响了听诊工作。于是在 2020 年 3 月初的一天，西北工业大学燃烧、热结构与内流场重点实验室高级工程师刘华强副教授，接到了一通求助电话：“我正在支援武汉，现有听诊器在防护服上不能用，怎么解决这个问题？”为了帮助抗“疫”一线人员，刘华强团队日夜攻关，经过二十多天的艰苦奋战，终于做出了隔离式电子听诊器。3 月 24 日，实验室将研制出的首部隔离式电子听诊器样机，送往西安交通大学第一附属医院进行临床试用。前线医护人员反馈说：“很棒！听诊效果非常好！”经过研究，隔离式电子听诊器听诊信号强度是传统听诊器的 100 倍以上，为此次新冠肺炎的诊治提供了便利。

课程链接

人教版《生物（八年级）》上册《病毒》

探究思考

1. 通过观察图片，并根据文中提到的胶体金抗体检测方法，试判断下图中的哪些检测者患有新冠肺炎？

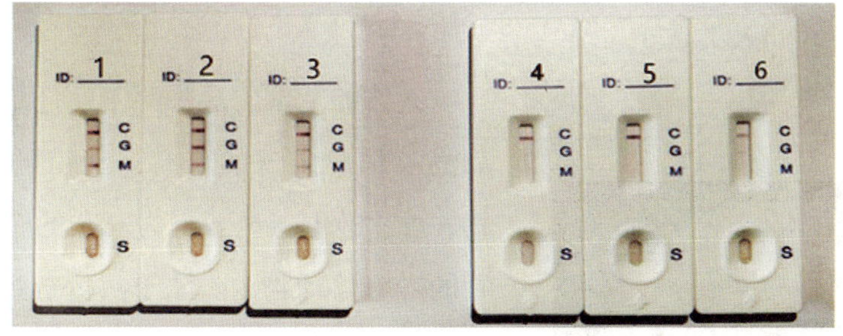

2. 在日常生活中，你有哪些防疫小妙招呢？

□ 三秦大地上的世界最古老后口动物

·讲　述

2017 年年初，西北大学早期生命研究团队的韩健研究员，在陕西汉中西乡县张家沟路段发现了世界上最古老的后口动物——单囊体冠状皱囊虫的化石。在此之前，韩健所在的团队已经在云南澄江生物群中发现了体积只有厘米级水平的后口动物。根据动物进化的逻辑，他觉得应该还有更为原始、微小的生物存在，于是把目光投向了比澄江生物群更古老约 1000 万年的陕西宽川铺生物群。果然，在经过了 10 年的野外考察和实验室研究后，终于发现了这个还不如芝麻大的人类远祖。

人体的基本构造来源于几亿年前的低等动物。最早出现的是有口无肛的单囊体动物，通过进化出现了更为复杂的有前后体之别的二分体动物（前体专门负责呼吸，后体专门负责消化），然后再进化出头脑或脊椎，就变成了三分体动物。单囊体、二分体和三分体是人类祖先基本器官的三大基础性创造，也是从最低等动物到人类进化过程中最关键的三个步骤。正因为如此，我们才将单囊体冠状皱囊虫视为人类远祖。

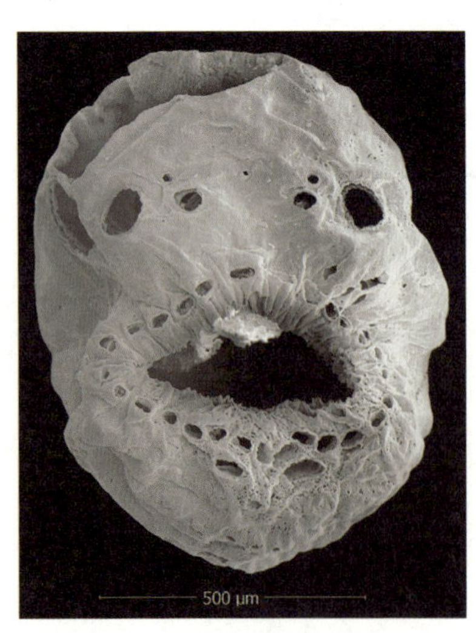

单囊体冠状皱囊虫化石

研究人员用电子显微镜观察了化石的表面形态和内部结构。这个在地层中度过了漫长时光的动物只有 1 毫米长，形状就像一个椭圆形的泳帽，有着一张凸出的大嘴，嘴周边分布着两圈小突起。它的口腔区域是可伸缩的，这意味着它可以吞下稍大的食物。后背是相对光滑的，有一些极小的孔。体表有些地方有明显的刺，呈不规则分布。身体左右两侧各有四个圆锥体，大小不一。它没有肛门，这些相应的侧口或者侧锥可能用来排出水和无法消化的废物。这样的排水鳃孔之后很可能进化为后口动物所特有的咽鳃裂。古生物学家们因此认定它就是后口动物，或者说可能代表着无肛门的基础动物与有肛门的后口动物之间的一个过渡类群，是后口动物亚界的一个根。

单囊体冠状皱囊虫（复原图）

单囊体冠状皱囊虫的发现使人类对早期祖先的认知有两个突破：一是在大小上，从“厘米级”水平推进至“毫米级”水平；二是在时间上，由距今 5.2 亿年推进至距今 5.35 亿年。

2017 年 2 月 9 日，国际顶级杂志《自然》（*Nature*）以封面亮点论文的形式刊发了韩健研究团队有关单囊体冠状皱囊虫的研究文章，并将该研究评价为“为人类远古起源研究的‘重大悬案’找到了实证”。2018 年 2 月 8 日，他们的研究成果入选中国古生物学会“2017 年度中国古生物学十大进展”。

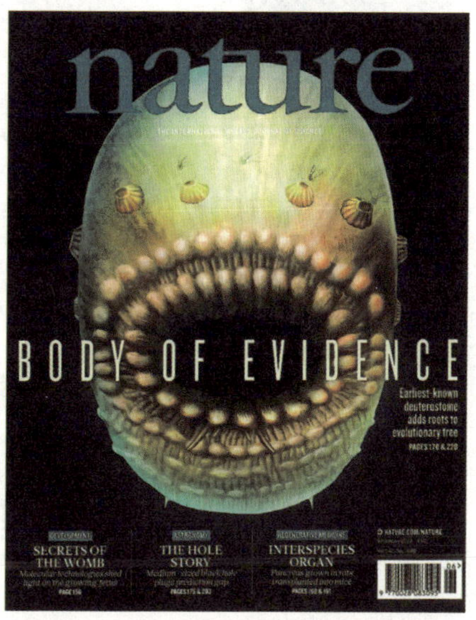

《自然》杂志封面上的单囊体冠状皱囊虫复原图

·知识链接

名物疏解

化石

我们的地球大约已经有 46 亿岁了。原始地壳上铺盖的岩层重重叠叠，在地质学上把它叫作地层。当某一时期的生物死亡后，被埋藏在土壤中，经过地质历史的变迁，就会以化石的形式在原来的地层中保留下来。这些由生物遗体形成的化石被称为遗体化石。它包括动物骨骼、牙齿，以及植物茎、叶、种子等。

常见的海相化石

植物化石

侏罗纪哺乳动物化石

三分的动物界

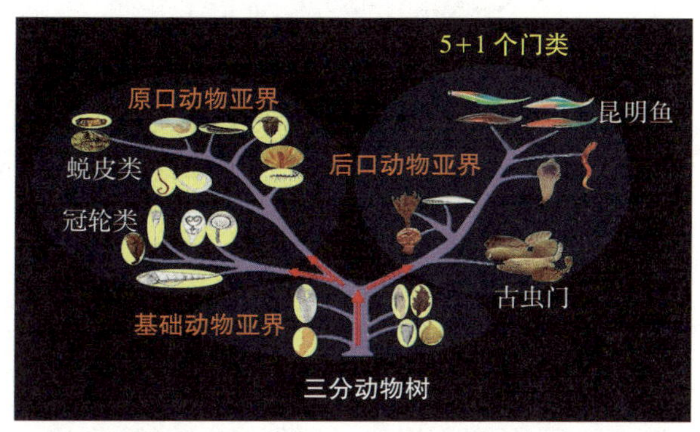

西北大学首次构建的完整三分动物树（基于5.2亿年前的云南澄江动物群）

生物学家将动物从低等到高等分为三个群体，分别是基础动物亚界、原口动物亚界和后口动物亚界。三个群体的动物的消化-排泄过程是有明显区别的。基础动物的口和肛门是合一的，即从口里吃进去的食物经过短暂的消化后再从口中排泄出来，新陈代谢的效率极低。原口动物是前口（原口）进，后口（肛门）出，中间还要经过消化道，新陈代谢的效率极高。而后口动物与原口动物的构造差不多，区别在于后口动物是后口（新口，原来的肛门）进，前口（原来的口，现在的肛门）出。所以，原口动物和后口动物之间的主要区别就是在胚胎发育过程中发生了口与肛门的颠倒。

知识拓展

世界上最早的脊椎动物——昆明鱼

5.2亿年前，地球上出现了一种仅有2.8厘米长、6毫米高的小鱼。它的身体呈纺锤形，表皮没有骨骼和鳞片，鱼鳍也非常原始，可能不具有很强的活动能力。它还没有下颌，嘴巴也无法闭合，只能靠富有“营养”的海水填饱肚子。但是，它有一个棒状的脊椎骨，属于低等脊索和高等脊椎的混合体；而且它还有头，头上有眼睛，能帮助它准确地找到食物，来了敌人也能很快发现并迅速溜掉。

西北大学地质学系的舒德干院士，1999年在云南昆明的澄江生物群化石库里发现了这种鱼的化石，并将它命名为“昆明鱼”。无论从体型还是生活方

昆明鱼（复原图）

式来看，昆明鱼都是一种十分不起眼的小鱼，但它的发现却轰动了全世界。昆明鱼所拥有的头和脊椎，是我们生活的地球上所有脊椎动物的头脑、心脏和脊椎的起源，因此昆明鱼被称为包括人类在内的所有脊椎动物的祖先，是名副其实的“天下第一鱼”。

基地链接

陕西自然博物馆

陕西自然博物馆设有科技馆和自然馆两大展馆。自然馆中有专门的古生物长廊展厅，布展以生物进化为主线，展品有亿万年前的恐龙、哺乳动物及海洋生物的标本化石，如禽龙、鱼龙、大唇犀、铲齿象等。从古生物长廊走过，我们不仅能看到生命的发展历程，还能面对面欣赏远古生命奇观，从而体会到人与自然和谐发展的重大意义。

陕西自然博物馆

陕西自然博物馆里的铲齿象化石

西北大学博物馆

西北大学博物馆

西北大学博物馆位于西北大学太白校区，下设校史、地球、生物、历史四个分馆。

地球馆中陈列了寒武纪大爆发时期的古生物化石和一些古脊椎动物化石，它们演绎出生物进化的逻辑。其中，以舒德干院士为主的西北大学早期生命研究团队研究的寒武纪大爆发时期的古生物化石是人类 5 亿多年前的始祖，以“天下第一鱼”和“西大动物”在内的“澄江动物群”化石标本最为珍贵，堪称国宝级的化石精品。

课程链接

人教版《生物（八年级）》下册《地球上生命的起源》

探究思考

1. 你还知道哪些古老的动物？它们与现代动物有哪些相似的地方？

2. 除了生物遗体化石之外，你还知道哪些类型的化石？

参考文献

[1] 林海鸥. 秦直道 [M]. 北京：群众出版社，2008.

[2] 徐伊丽. 探秘大秦帝国 [M]. 西安：西北大学出版社，2015.

[3] 陕西省考古研究所，耀州窑博物馆. 宋代耀州窑址 [M]. 北京：文物出版社，1998.

[4] 张印生，韩学杰. 孙思邈医学全书 [M]. 北京：中国中医药出版社，2009.

[5] 左旭初. 我国第一个葡萄酒商标创立者张弼士与张裕葡萄酒 [J]. 中国发明与专利，2010（8）.

[6] 符英，吴农，杨豪中. 西安近代工业建筑的发展 [J]. 工业建筑，2008（5）.

[7] 雷喻涵. 经济转型下西安市老工业厂区的再利用研究 [J]. 陕西建筑，2018（10）.

[8] 孙敏，于名讯. 隐身材料技术 [M]. 北京：国防工业出版社，2013.

[9] 马成勇，程海峰，唐耿平，等. 红外/雷达兼容隐身材料的研究进展 [J]. 材料导报，2007，21（7）.

[10] 陕西省考古研究院. 汉唐墓葬壁画保护与修复 [M]. 西安：三秦出版社，2010.

[11] 张耀君. 纳米材料基础 [M]. 北京：化学工业出版社，2011.

[12] 韩向娜，黄晓，张秉坚，等. 纳米氢氧化钙的制备及其在文物保护中的应用 [J]. 自然杂志，2016（1）.

[13] 范玉青. 大飞机及其航行——新航空概论 [M]. 北京：国防工业出版社，2015.

[14] 魏延辉，白涛，周雪梅. 水下无人航行器 [M]. 哈尔滨：哈尔滨工程大学出版社，2015.

[15] 林聪榕，张玉强. 智能化无人作战系统 [M]. 北京：国防科技大学出版社，2008.

[16] 程兴新，孙三民，王选仓. 特长公路隧道定额研究——终南山特长公路隧道工程 [M]. 北京：人民交通出版社，2009.

[17] 孔祥金，张建功. 秦岭终南山隧道建设记事 [J]. 公路隧道，2007（3）.

[18] 陈鹏. 5G：关键技术与系统演进 [M]. 北京：机械工业出版社，2015.

[19] 赵振龙. 5G 移动通信的发展探析 [J]. 数字通信世界，2018（12）.

[20] 李艳英，盖筱晗，李智臻. 我国虚拟现实产业发展态势分析及对策研究 [J]. 青岛科技大学学报（社会科学版），2019，35（4）.

[21] 王玉峰，曹亮. 虚拟现实关键技术与前沿应用 [J]. 中国工业评论，2016（8）.

[22] 中国机械工程学会. 3D 打印　打印未来 [M]. 北京：中国科学技术出版社，2013.

[23] 徐旺. 3D 打印：从平面到立体 [M]. 北京：清华大学出版社，2014.

[24] 黄永建，刘军会，杨进航，等. 增材制造模具的研究进展 [J]. 中国冶金，2019，29 (11).

[25] 关明. 新型冠状病毒核酸和抗体检测临床应用专家共识 [J/OL]. 国际检验医学杂志, 2020[2020-05-09].https: //kns.cnki.net/KCMS/detail/50.1176. R. 20200509.1104.002.html.

[26] 韩健，欧强，舒德干. 华南寒武系底部有口无肛的微型后口动物 [J]. 前沿科学，2018 (1).

[27] 欧强，舒德干. 后口动物咽鳃裂的起源和演化 [J]. 自然杂志，2014，36 (1).

后 记

研学实践教育是教育部按照国务院将研学纳入中小学常规教育要求实施的创举，是当代的一场教育革命，是构建德育框架的重要举措。

西安市是教育部确定的首批研学试点城市之一，经过 5 年的探索与实践，总结出研学西安经验，在全国得以推广。西安市在陕西省教育厅的指导下，自承担全国中小学生研学实践教育营地重点支持项目任务以来，立足陕西地域特色，聚焦优秀传统文化、丝路文化、红色革命文化、秦岭文化、科技创新等具有代表性的文化资源，凝心聚力，不断尝试，将丰富的文化资源转化为研学实践教育课程资源。

2020 年，经历了疫情的考验，在肖云儒老先生的带领下，在诸多教育界同仁的精心打磨下，这套读本终于问世了，展现了陕西教育人的一份赤诚、一份担当。

在这里，我们要感谢参与编写的所有著作者，感谢为此出谋献策的专家学者，感谢为此做出贡献的社会各界朋友，感谢为此付出辛苦劳动的每一位编辑。

在此，我们唯愿这套读本的书香能飘满八百里秦川，弥漫祖国大地。这是我们的心声，也是全体研学实践教育营地工作者的心声。

《研学·中国（陕西）》编委会

2020 年 10 月